Jede große Reise beginnt
mit einem ersten Schritt.

Chinesisches Sprichwort

Power-Food

für Schule und Beruf

Dr. Claudia Nichterl

av BUCH

Inhalt

Über dieses Buch

Gesund zu essen ist an Arbeits- oder Schultagen schwer. Am Morgen bleibt oft keine Zeit für ein ausgewogenes Frühstück, zu Mittag stillt ein schnelles Sandwich den ärgsten Hunger und am Nachmittag quält dann das Verlangen nach Süßem. Oder es gibt zu Mittag eine üppige Mahlzeit in der Kantine, nach der man vor Müdigkeit fast einschläft. Kurz: Für ein ausgewogenes, bedarfsgerechtes Essen fehlen Zeit oder Gelegenheit.

Die Anforderungen unserer Leistungsgesellschaft steigen, für Berufstätige aber auch für Schulkinder, deren Arbeitspensum bereits mit dem eines „Fulltime-Jobs" vergleichbar ist. Eine vielseitige Ernährung, die alle notwendigen Nährstoffe für Körper und Geist liefert, ist die beste Grundlage, um diese Anforderungen zu meistern und gesund zu bleiben.

Als Ernährungsberaterin habe ich täglich Kontakt mit vielen Menschen: Müttern und Vätern, die ihre Kinder durch gute Ernährung bestmöglich in der Schule und im Alltag unterstützen möchten; erfolgreichen Managern, die häufig auf Geschäftsreise und damit auf Außer-Haus-Verpflegung angewiesen sind und vielen Menschen, die in unterschiedlichsten Berufen immer mehr leisten müssen, sich aber ständig müde und ausgelaugt fühlen, an Verdauungsstörungen leiden, häufig krank sind, oder sich einfach nicht wohl in ihrer Haut fühlen. Sehr häufig liegt die Ursache dafür in der einseitigen Ernährung. Das ist zwar vielen bewusst, doch sie schaffen es alleine nicht, eine gesunde Ernährung in ihren Alltag zu integrieren. In der Beratung suchen wir Wege, die viel Verbesserung bringen können: etwa ein gutes Frühstück als stärkender Start in den Tag oder eine schnell zubereitete Mahlzeit, die gut haltbar und leicht zu transportieren ist und Kraft gibt. Zusätzlich helfen Tipps für eine bewusstere Speiseauswahl in Kantinen, Restaurants oder im Supermarkt, auch bei Getränken und für die richtige Zeitplanung der Mahlzeiten. Denn manche Lebensmittel geben Power am Morgen, andere wiederum helfen über die nachmittägliche Müdigkeit hinweg, und diese Wirkungen kann man sich zunutze machen!

Viele dieser Tipps und Erfahrungen finden Sie in diesem Buch. Im Einleitungsteil finden Sie eine Übersicht über die wichtigsten Nährstoffe und Zutaten für „Hirnarbeiter". Es folgen wertvolle Tipps zur Organisation einer gesünderen Ernährungsweise im Alltag – vom Einkauf und der Lagerung von Lebensmitteln, zeitsparender Vor- und Zubereitung der Speisen bis hin zur Umstellung „eingefahrener", ungünstiger Ernährungsgewohnheiten. Im Praxisteil folgen einfache Rezepte für genussvolle Pausen in der Schule oder am Arbeitsplatz. Alle vorgestellten Speisen eignen sich gut zum Mitnehmen. Ein Kapitel mit „Fingerfood" ist speziell gedacht für Menschen, die viel unterwegs sind. Gesund verpackte Desserts geben Kraft und versüßen lange Arbeitstage.

Nutzen Sie „Power Food", damit das Essen zum Genuss wird und Sie voller Kraft den Alltag meistern.

Guten Appetit wünscht

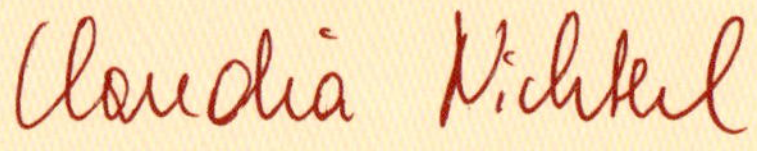

PS: Über Feedback würde ich mich freuen. Besuchen Sie dazu meine Website www.essenz.at oder schreiben Sie an beratung@essenz.at. Vielen Dank!

Bausteine unserer Lebensmittel

Jeden Tag das gleiche Lied: Die Mittagspause naht, der Magen knurrt und das Telefon läutet. Sie beschäftigen sich mit der Frage, „Was esse ich heute?", und entscheiden sich doch wieder für Wurst- oder Käsesemmel, Süßigkeiten oder Pizzadienst. Danach das altbekannte Leid: Müdigkeit, Völlegefühl, Leistungsabfall am Nachmittag. Wem kommt das nicht bekannt vor?

Mit der richtigen Auswahl von Zutaten und Mahlzeiten lässt sich dieser Teufelskreis durchbrechen. Es ist durch viele Untersuchungen belegt, dass eine gezielte Lebensmittelauswahl dazu beiträgt, sich fitter und leistungsfähiger zu fühlen. Welche Nährstoffe sorgen für die richtige Power am Arbeitsplatz und in der Schule?

Nährstoffbedarf ist Typsache

Eiweiß, Kohlenhydrate und Fett sind die Basis unserer Ernährung und werden als Hauptnährstoffe bezeichnet. Jedes Lebensmittel enthält grundsätzlich alle drei Hauptnährstoffe, jedoch in unterschiedlichen Mengenverhältnissen. Je nach ihrem Hauptbestandteil werden die Lebensmittel der Eiweiß- oder Kohlenhydratgruppe zugeordnet. Selbstverständlich enthält aber auch ein Lebensmittel wie Fleisch, welches der Eiweißgruppe zugeordnet wird, geringe Mengen an Fett und Kohlenhydraten. Trotzdem ist diese Zuordnung sinnvoll, weil es Menschen gibt, die mehr Eiweiß brauchen, um satt und leistungsfähig zu bleiben, während für andere Menschen Kohlenhydrate wichtiger sind.

Die richtige Lebensmittelwahl sorgt für Power.

Eiweiß – der Sattmacher

Das Wort Protein (= Eiweiß) leitet sich vom griechischen Wort „proteos“ ab, welches so viel bedeutet wie „das Wichtigste“ oder „das Erste“. Eiweiß macht etwa 20 Prozent unseres Körpergewichts aus. Körperzellen wie Gewebe, Muskeln, Haut, Haare und Knochen sind sehr eiweißreich. Im Wachstum brauchen wir für den Aufbau von Zellgewebe besonders hochwertige Proteine. Aber auch beim Erwachsenen findet im Körper ein ständiger Auf-, Um- und Abbau statt, weshalb wir auf eine regelmäßige Eiweißzufuhr angewiesen sind. Proteine sind nicht nur „Baustoffe“, sie steuern als Enzyme und Hormone auch wichtige Körperfunktionen. Sämtliche Nährstoffe und der Sauerstoff werden mithilfe von Eiweiß durch den Körper transportiert. Bei der Infektabwehr spielen Eiweißkörper als Antigene eine wichtige Rolle. Die tägliche Mindestmenge an Eiweiß, die der Körper für all diese Funktionen braucht, liegt laut DGE (Deutsche Gesellschaft für Ernährung) bei Frauen bei 0,8 Gramm und bei Männern und Kindern bei 1,0 Gramm Eiweiß pro Kilogramm Körpergewicht. Eine eiweißreiche Nahrung sättigt sehr gut. Viele Menschen fühlen sich nach einem eiweißreichen Frühstück mit Käse, Schinken, Eiern oder Nüssen wohler und satter als nach einem Müsli. Die bessere Sättigung wird durch Glukagon – einem natürlichen Gegenspieler von Insulin – unterstützt. Gelangt Eiweiß in den Verdauungstrakt, wird Glukagon produziert. Dadurch wird die Insulinproduktion gedrosselt, was zur Folge hat, dass Süßgelüste und Heißhunger-Attacken nicht so leicht auftreten. So gut uns Eiweiß auch tut, ein ausgeklügelter Mix an eiweißreichen Lebensmitteln ist wichtig, damit wir gesund bleiben. Eine Grundregel lautet: drei verschiedene Eiweiß-Sorten pro Tag, z. B. morgens Schinken, mittags Bohnen und abends Käse. Zumindest einmal am Tag sollte pflanzliches Eiweiß auf dem Plan stehen. Das bedeutet also: Nicht nur Joghurt und Käsebrote essen, sondern auch Tofu, Hülsenfrüchte und Nüsse in die Ernährung einbauen. Besonders gut verwertbares Eiweiß liefern Kombinationen aus Kartoffeln und Ei, Milch und Weizen, Mais und Bohnen.

Lebensmittel der Eiweißgruppe

- Fleisch
- Fisch
- Eier
- Milch(produkte)
- Hülsenfrüchte (Bohnen, Linsen, Kichererbsen)
- Sojaprodukte, Tofu
- Seitan, Tempeh
- Nüsse und Samen
- Austern- und Shiitakepilze

Kohlenhydrate – Treibstoff für unsere Zellen

Kohlenhydrate sind die Energielieferanten für die Körperzellen, das Gehirn und die Muskulatur. Zu den Kohlenhydraten zählen jede Form von Stärke und alle Zuckerarten.

Lebensmittel der Kohlenhydratgruppe

- Getreide(produkte)
- Kartoffeln
- Obst
- Gemüse

Glykämische Last

Da Kohlenhydrate ein wichtiger Treibstoff für unsere Körperzellen sind, sollten wir sie regelmäßig zu uns nehmen. Trotz ihrer negativen Wirkung beim Verzehr im Übermaß sind sie äußerst wertvoll, aber wir sollten auf die Qualität achten. Fachleute unterteilen kohlenhydratreiche Lebensmittel sehr plakativ in „gute" und „schlechte" Kohlenhydratlieferanten. Die Unterscheidung wird aufgrund der Länge der Zuckermolekülketten getroffen; der Fachbegriff dafür lautet „Glykämische Last" (GL). Schlechte Kohlenhydratlieferanten haben einen geringen Ballaststoffgehalt, die Kohlenhydrate werden daher schnell verdaut, lassen den Blutzucker sehr rasch ansteigen und haben eine hohe GL. Gute Kohlenhydratlieferanten werden aufgrund eines hohen Ballaststoffgehaltes langsamer verdaut, sorgen so für einen gemäßigten Blutzucker-Anstieg und haben eine niedrige GL. Die GL ist also ein Rechenwert, der aussagt, in welcher Geschwindigkeit Kohlenhydrate in die Blutbahn gelangen. Ernährungs- und Diätformen wie die LOGI-Methode, Montignac, GLYX oder Metabolic Balance arbeiten vorwiegend mit Lebensmitteln mit niedriger GL und sind deshalb für Menschen, die ständig hungrig sind, starke Süßgelüste oder ein beginnendes metabolisches Syndrom haben, eine gute Unterstützung.

Was sind nun Lebensmittel mit niedriger Glykämischer Last? Am einfachsten konzentrieren Sie sich auf naturbelassene Lebensmittel wie z. B. frisches Obst, Gemüse, Pellkartoffeln, Hülsenfrüchte, Milchprodukte, Nüsse/Samen, Vollkornprodukte (Roggen- oder Dinkelbrot), Wasser, Tee/Kaffee, Gemüsesaft und Bitterschokolade (mind. 70 % Kakaoanteil). Zuckerhaltige, stärkehaltige, verarbeitete oder erhitzte Lebensmittel haben im Gegensatz dazu eine hohe GL, z. B. Weißbrot, Croissants, Trockenfrüchte, Kuchen, Kekse, Honig, Colagetränke, Limonaden, Fruchtsäfte. Entsprechende Tabellen finden Sie in der Fachliteratur oder im Internet.

Sie alle werden in unserem Körper zum Einfachzucker Glukose (Traubenzucker) umgewandelt und in dieser Form den Zellen als Treibstoff zur Verfügung gestellt. Allein unser Gehirn braucht täglich 100–140 Gramm Glukose für eine optimale Leistung. So wichtig dieser Treibstoff für uns ist, allzu viel ist ungesund. Wenn wir ständig mehr Kohlenhydrate aufnehmen, als wir brauchen, wird der Zuckerstoffwechsel durcheinandergebracht. Dieser wird durch das Hormon Insulin (aus der Bauchspeicheldrüse) gesteuert. Insulin sorgt dafür, dass Glukose von den Körperzellen aufgenommen wird. Je mehr Stärke bzw. Zucker wir zu uns nehmen, desto mehr Insulin muss produziert werden. Sobald aber die Körperzellen satt sind, kann durch normale Insulinmengen keine Aufnahme des Zuckers mehr herbeigeführt werden. Es beginnt eine Umwandlung des überschüssigen Zuckers in Körperfett. Außerdem wird die Insulinproduktion stetig erhöht, um die Aufnahme von Zucker in die Zellen zu fördern. Eine sogenannte Insulinresistenz bildet sich aus und begünstigt Heißhunger, hohe Cholesterinwerte, erhöhte Fetteinlagerung in Muskeln und Leber. Weiters wird das Depotfett im Körper schlechter abgebaut, der Hormonhaushalt verändert sich, Bluthochdruck und Herz-Kreislauf-Erkrankungen werden begünstigt.

„Versteckte" Kohlenhydrate

Bei Fertigprodukten und Limonaden finden sich häufig Glukose, Saccharose, Dextrose, Traubenzucker, Fruchtzucker usw. bei den Verpackungsangaben. Dabei handelt es sich immer um Zucker, sprich um einfache Kohlenhydrate. So enthalten z. B. 100 Gramm Gummibärchen umgerechnet 26 Stück oder ein Liter Colagetränk 36 Stück Würfelzucker.

Häufige kohlenhydratreiche Mahlzeiten führen zu Heißhunger und Süßgelüsten. Eine weitere Nebenwirkung von zu viel Kohlenhydraten – vor allem in Kombination mit Fett – ist eine bleierne Müdigkeit nach dem Essen. Wie geht es Ihnen nach einem Mittagessen mit Nudeln mit Käsesoße? Sind Sie müde? Fisch oder Geflügel mit Gemüse wäre hier sicher die bessere Wahl.

Fette – Brennstoff und Speicher

Auch Fette sind Energielieferanten, sie sind jedoch kalorienreicher als Kohlenhydrate. Fette sind sowohl in tierischen als auch in pflanzlichen Lebensmitteln enthalten. In den letzten Jahren geriet Fett in Verruf, teilweise zu Unrecht. Manche Fette sind sehr wertvoll, andere wiederum gar nicht. Schlecht sind „gesättigte" Fette, wie sie z. B. in Wursterzeugnissen, Frittiertem oder in Fertigprodukten vorkommen. Zu viel davon lässt den Cholesterinspiegel steigen und die Gefäße verkalken. Gute, wertvolle Fette kommen dagegen in fetten Fischen wie Lachs, Makrele, Thunfisch und Sardinen sowie in Pflanzenölen wie Walnussöl, Leinöl und Rapsöl vor. Die darin enthaltenen mehrfach ungesättigten Fettsäuren werden ausschließlich über die Nahrung geliefert, können vom Körper nicht hergestellt werden und gelten deshalb als essenziell (lebensnotwendig). Die „guten" Fette sorgen für die Aufnahme der fettlöslichen Vitamine (A, D, E und K), sind an der Bildung von Hormonen beteiligt, unterstützen das Herz-Kreislauf-System, die Blutgerinnung sowie die Fruchtbarkeit und sichern als Energiespeicher im Körper das Überleben in Notzeiten.

Transfette – Gefahr im Croissant

Transfette riefen in den letzten Jahren vermehrt Konsumentenschützer auf den Plan. Sie entstehen bei der künstlichen Härtung von Fett und gelten als Mitverursacher von Herzinfarkt oder Arteriosklerose. Enthalten sind sie vor allem in Kartoffelchips, Croissants, Blätterteig-Gebäck, billigen Mehlspeisen aus dem Supermarktregal, Erdnussflips, vielen Kekssorten, Schokoriegeln und Pommes Frites, ebenso in billigen Margarinen und Bratfetten. Achten Sie daher auf die Qualität der Fette. Wenn ein Produkt „gehärtete Fette" enthält, sollten Sie dieses möglichst meiden oder nur selten verzehren.

Fettreiche Lebensmittel

- Pflanzliche Öle
- Streichfette, Butter
- Nüsse und Samen
- Milch(produkte)
- Wurstwaren
- Viele Fischarten
- Fertiggerichte
- Fast Food
- Knabberartikel

Brainfood – Nahrung für das Hirn

Ständig müssen wir uns konzentrieren und vielen Dingen gleichzeitig unsere Aufmerksamkeit schenken. Studien zeigen: Die Basis für gute Konzentration ist die richtige Ernährung. Sie liefert die Energie für die geistige Aktivität und für Beweglichkeit.

Brainfood (Hirnfutter) bezeichnet Lebensmittel mit Inhaltsstoffen, die unsere Denkleistung fördern. Unser Gehirn ist ein sehr sensibles Organ. Obwohl es nur zwei Prozent unseres Körpergewichts ausmacht, beansprucht es 20 Prozent der Energie und des Sauerstoffs, die wir zu uns nehmen. Weil es zu 70 Prozent aus Wasser besteht, ist es auch auf regelmäßige Flüssigkeitszufuhr angewiesen. Die optimale Reizweiterleitung von Nervenimpulsen wird vor allem durch Vitamine und Mineralstoffe gefördert. Was wir essen, entscheidet darüber, wie gut unser Gehirn arbeitet. Die meisten Nährstoffe kann das Gehirn leider nicht speichern, sondern muss sie ständig aus der Nahrung neu beziehen. Genau deshalb kann richtiges Essen viel dazu beitragen, um das Gehirn fit und munter zu halten. Wissenschaftler in den USA fanden heraus, dass sich die Leistungen einer Schulklasse innerhalb von vier Wochen rapide verbesserten, wenn die Kinder in der Pause Äpfel und Nüsse statt Weißbrot und Süßigkeiten bekamen. In Kombination mit ausreichend Flüssigkeit, Bewegung und regelmäßigen Gedächtnisübungen schaffen wir die besten Voraussetzungen, um unser Gehirn fit und aktiv zu halten.

Nutzen Sie auch konzentrationsfördernde Gewürze wie Anis, Ingwer, Koriander, Kreuzkümmel, Oregano, Zimt oder Pfeffer. Meiden Sie schwer verdauliche Lebensmittel wie üppige Hausmannskost mit Sahnesoßen, zu viele

Nüsse sind Power-Food fürs Gehirn.

Powerstoffe fürs Gehirn

- Vollkorn-Getreide (z. B. Hirse, Dinkel, Hafer, Hirse, Buchweizen, Quinoa, Amaranth)
- Hülsenfrüchte (z. B. Linsen, Erbsen, Bohnen)
- Nüsse und Samen
- Trockenfrüchte
- Sojaprodukte, Tofu
- Obst und Gemüse
- Joghurt
- Eier
- Fisch und Meeresfrüchte (z. B. Lachs, Hering, Makrele)
- Mageres Fleisch, Geflügel
- Hochwertige Öle (z. B. Walnuss-, Raps-, Lein-, Sonnenblumen-, Kürbiskernöl)
- Avocados

Essen ohne Nebenbeschäftigung
Wir sind stolz darauf, was wir alles gleichzeitig schaffen. Telefonieren und dabei E-Mails checken, lesen und dabei Musik hören usw. Auch beim Essen wollen wir immer nebenbei etwas tun: fernsehen, lesen, im Internet recherchieren oder wichtige Themen mit Geschäftspartnern besprechen. Versuchen Sie einmal, sich ausschließlich Zeit für das Essen zu nehmen und sich nur darauf zu konzentrieren. Automatisch werden Sie besser kauen – und daher besser verdauen –, weniger essen und ein intensiveres Geschmackserlebnis haben.

Sättigungsbeilagen und Fast Food. Auch rohes Gemüse und Obst, welches bei Verdauungsschwäche unbekömmlich ist, beeinträchtigt das Wohlbefinden und mindert die Konzentrationsfähigkeit. Verzichten Sie daher bei starker Leistungsanforderung auf rohe Müsli-Zubereitungen, Haferkleie, Rohkost (Radieschen, Paprika, Gurken, Tomaten) und blähende Gemüse (Kohlsprossen, Kohlrabi).

Mehr trinken, besser denken

Nichts braucht unser Körper dringender als Wasser. Ohne Nahrung können wir einige Wochen überleben, ohne Wasser schaffen wir es nur wenige Tage. Der menschliche Körper besteht zu einem Großteil (etwa 60 %) aus Wasser. Schon wenige Prozent Flüssigkeitsverlust können manche Körperfunktionen beeinträchtigen. Regelmäßiges Trinken ist daher lebensnotwendig. Der tägliche Flüssigkeitsbedarf liegt bei 2–2,5 Liter. Einen Teil davon nehmen wir über Lebensmittel auf – durch Obst, Gemüse, Fisch oder Fleisch. Den Rest müssen wir als Getränk zu uns nehmen. Heiße Temperaturen oder schweißtreibende Tätigkeiten, wie z. B. Sport, erfordern eine höhere Trinkmenge. Was viele nicht wissen: Das gefürchtete Leistungstief am Nachmittag kann mit zu geringer Flüssigkeitszufuhr am Vormittag zusammenhängen. Wer zu wenig trinkt, wird müde, kann sich schlechter konzentrieren und macht mehr Fehler. Es ist erwiesen, dass ein Flüssigkeitsdefizit von mehr als zwei Prozent des Körpergewichts die Leistungsfähigkeit um 4–8 Prozent verringert. Auch Zahlendreher, Denkblockaden und Konzentrationsstörungen können mit Flüssigkeitsmangel zusammenhängen. Abhilfe schafft das Trinken, am besten viele kleine Portionen über den Tag verteilt. Der Körper braucht nämlich Zeit, um aufzutanken. Wenn Sie Durst verspüren, ist es meist schon zu spät. Als Faustregel gilt: ein Viertelliter (1 Glas) Flüssigkeit pro Arbeitsstunde. Als Gedankenstütze einen vollen Wasserkrug auf den Schreibtisch stellen!

Die besten Getränke

Leitungswasser, Mineralwasser (natriumarm, mit oder ohne Kohlensäure) oder ungesüßte Kräuter- und Früchtetees sind optimale Getränke. Grüner Tee oder Mate-Tee wirken anregend, aktivieren den Stoffwechsel und fördern die Fettverbrennung. „Aromatisiertes" Wasser, das kann Wasser mit einem Schuss Zitronen- oder Orangensaft oder eine Karaffe Wasser mit einem Zweig Minze oder Zitronenmelisse sein. Das macht Lust aufs Trinken.

Hände weg von Zuckerdrinks

Verzichten Sie auf Limonaden und Colagetränke. Sie enthalten große Mengen Zucker und löschen nicht wirklich den Durst. Zucker bringt nur kurzfristig einen Energieschub, danach macht er müde und fördert eine Gewichtszunahme. Auch Fruchtsäfte sind nur in Maßen empfeh-

Bis zu 30 Stück Zucker stecken in einem Liter Saft.

lenswert. Fruchtsäfte mit Angaben wie „100 Prozent direkt gepresst" oder „ohne künstlichen Zuckerzusatz" bedeuten nicht wirklich einen höheren Gesundheitswert. Jeder Fruchtsaft enthält natürlicherweise viel Zucker, und zwar Fruchtzucker und Traubenzucker. Verdünnen Sie deshalb Fruchtsäfte unbedingt mit (Mineral)Wasser im Verhältnis 1:3 oder genießen Sie nur kleine Mengen davon – am besten frisch gepresst.

Kaffeepause

In der Regel wird am Arbeitsplatz viel Kaffee getrunken. Koffein macht munter, erhöht die Herztätigkeit und den Blutdruck. Kurzfristig wird dadurch auch die Leistung gesteigert. Sobald diese Stimulation aber nachlässt, ermüdet man doppelt so stark. Kaffee wird auch gern gegen den Hunger zwischendurch eingesetzt. Die im Kaffee enthaltene Chlorogensäure stimuliert die Produktion von Magensäure und dämpft das Hungergefühl. Mittelfristig kann das aber Heißhunger auslösen. Zusammengefasst ist Kaffee durchaus erlaubt, es sollten aber nicht mehr als drei Tassen täglich sein. Zu viel Kaffee fördert nämlich die Ausschüttung des Stresshormons Cortisol.

Essen und Genießen im Alltag

Unser Alltag ist meist so ausgefüllt, dass kaum Zeit bleibt, um für ein ausgewogenes Essen lange Vorbereitungen zu treffen. Wir wissen wohl: Unser Essen soll ausgewogen sein. Und doch ist es für viele ungemein schwierig, dies im Alltag auch zu leben. Was anfangs meist abschreckt, ist der Aufwand. Gesund essen und Mahlzeiten vorbereiten scheint auf den ersten Blick sehr zeitaufwendig und kompliziert! Das ist nur bedingt richtig. Auf Dauer ist es für Sie wahrscheinlich sogar einfacher und ein Zeitgewinn, wenn Sie nicht mehr täglich kurz vor der Mittagszeit hektisch darüber nachdenken müssen: „Was esse ich denn heute wieder?" Und seien Sie einmal ehrlich, wie viel Zeit Ihres Tages verbringen Sie mit Fernsehen oder anderen unproduktiven „Zeitfressern"? Haben Sie schon einmal vergessen fernzusehen? Oder Zeitung zu lesen? Sehen Sie, an der fehlenden Zeit liegt es nicht. Es liegt an den Prioritäten.

Sich Gutes tun, ist erlaubt!

Überlegen Sie, was Ihnen wichtig ist und was Sie vielleicht hintanstellen können. Warum ist Ihre Ernährung weniger wichtig als die TV-Serie, die Sie so gerne sehen? Warum achten Sie auf Ihre Kinder, Kollegen, Partner, Familie, Haustiere ... mehr als auf sich selbst? Weil wir es so gelernt haben. Egoismus und Selbstachtung gilt in unserer Gesellschaft nicht als erstrebenswert. Achten Sie mehr auf sich selbst. Wenn Sie gesund sind, sich fit und wohl fühlen, dann sind Sie auch eine gute Stütze für die anderen. Gesunde Ernährung ist im weitesten Sinne daher auch eine kulturelle Emanzipationsaufgabe

Frühstücken fördert die Konzentrationfähigkeit am Vormittag.

für jeden von uns. Übernehmen Sie ab sofort die Verantwortung für sich und Ihre Ernährung. Mit nur 15–30 Minuten täglich für Ihre Nahrungszubereitung ist schon sehr viel zu erreichen.

Nutzen Sie die Tipps auf den nächsten Seiten, um Ihren Alltag zu verändern. Und seien Sie bitte nicht zu streng mit sich! Wenn die neuen Vorsätze anfangs nur zwei- bis dreimal pro Woche klappen, ist das schon ein Schritt nach vorne. Jahrelange Gewohnheiten verschwinden eben nicht über Nacht. Aber bleiben Sie dran! Sehr viel erreichen Sie ohne großen Aufwand, wenn Sie dieses Leitprinzip vor Augen haben: Nicht zu viel, nicht zu süß, nicht zu fett und aufs Wassertrinken nicht vergessen.

Frühstück – mit Power in den Tag

Ein Arbeits- oder Schultag sollte mit einem Frühstück beginnen. Probieren Sie es aus! Auch wenn es für den Anfang nur ein kleines Joghurt mit Obst oder ein Roggen- oder Dinkelbrot mit Schinken, Käse und etwas Gemüse ist. Kraft für den Tag geben auch gekochte Getreide (z. B. Haferporridge) mit frischem Obst oder Eier (weiches Ei, Gemüseomelett, Rührei). Sie werden sehen, Ihr „Bauchgefühl" ist gleich ganz anders: Gewärmt und gestärkt lässt sich ein stressiger Vormittag viel leichter überstehen. Vor allem Kinder sollten nicht ohne Frühstück aus dem Haus gehen. Die Konzentrations- und Lernfähigkeit in der Schule ist eindeutig besser, wenn es ein ausgewogenes Frühstück gab. Wer morgens nichts isst, läuft wie ein defekter Automotor nur auf einem Zylinder. Sie werden staunen, was Sie durch ein Frühstück bereits an gesteigerter Leistungsfähigkeit erreichen können. Und nebenbei verändert sich wahrscheinlich auch Ihre Figur in die richtige Richtung.

Wie viele Mahlzeiten am Tag?

Beim Thema „Wie viele Mahlzeiten pro Tag" entbrennt häufig eine hitzige Expertendebatte. Die einen befürworten fünf Mahlzeiten, mit dem Argument, dass ein konstanter Blutzuckerspiegel Heißhunger vermeidet und die Konzentration fördert. Die anderen sind Verfechter von drei Mahlzeiten und argumentieren mit nötigen Erholungspausen für die Verdauungsorgane bzw. der durch einen niedrigeren Blutzuckerspiegel angekurbelten Fettverbrennung. Wie bei vielen Themen: Ihr Bauch sollte entscheiden. Und der Mahlzeiten-Rhythmus sollte in Ihren Alltag passen. Fakt ist, dass durchzuarbeiten und nebenbei zu essen nicht ideal ist. Zum einen verliert man so die Übersicht über die gegessenen Mengen, was Übergewicht begünstigen kann. Zum anderen spüren Sie nicht wirklich, wie Ihr Essen schmeckt und Sie verzichten damit auf den Genuss.

Meine Erfahrung zeigt, dass sich die meisten Menschen mit drei Mahlzeiten sehr wohl fühlen. Die Mahlzeiten helfen, den Tag zu strukturieren, und wenn das Essen ausgewogen zusammengestellt ist, hat man zwischendurch auch keinen Hunger. Wenn Sie sich ein bis zwei Stunden nach dem Essen schon wieder hungrig fühlen, hat bei der Mahlzeit eine Komponente gefehlt und Sie wurden nicht richtig satt. Meist folgt dann der Griff zu Schokoriegel, Eis, gesüßtem Joghurt & Co. Hilfreich ist, für ein paar Tage ein Ess-Tagebuch zu führen, um den eigenen Rhythmus einmal zu hinterfragen und bei Bedarf die Mahlzeitenzusammenstellung zu optimieren. Manche Menschen können nur kleine Mengen auf einmal essen und brauchen deshalb alle zwei bis drei Stunden eine Kleinigkeit. Anderen geht es besser, wenn dreimal täglich ordentlich gegessen wird. Wichtig ist eine gewisse Regelmäßigkeit. Finden Sie Ihren Rhythmus und behalten Sie diesen so gut wie möglich bei. Auch wenn noch so viel Arbeit ansteht. Gerade dann sind Mahlzeiten wichtig, denn ein knurrender Magen denkt nicht gerne. Der Körper gewöhnt sich an fixe Mahlzeitentermine. Wer täglich zu einer anderen Zeit isst, bereitet seinem Körper Stress. Achten Sie auf eine gewisse Disziplin beim Essen und halten Sie sich zurück, wenn Ihnen zwischen den Mahlzeiten etwas angeboten wird, z. B. Kuchen oder Kekse am Besprechungstisch.

Drei Mahlzeiten sollten es übrigens mindestens sein, denn mit nur einer oder zweien steigt das Risiko, nicht die erforderlichen Nährstoffe zu erhalten. Große Portionen am Abend belasten außerdem das Verdauungssystem.

Gesunde Rohkost?

Auch wenn Sie immer wieder hören oder lesen, wie wichtig Rohkost ist, rohe Getreideflocken im Müsli, rohes Gemüse (z. B. Gurken, Tomaten, Paprika, Radieschen), Salate und Obst sind nicht jedermanns Sache. Sehr viele Menschen vertragen diese Lebensmittel schlecht. Sie bemerken es, wenn Sie nach einer Mahlzeit oft aufstoßen müssen, an Völlegefühl, großer Müdigkeit oder Blähungen leiden. Kommt Ihnen das bekannt vor? Was Ihnen guttut, können nicht Ernährungsfachleute entscheiden, sondern Ihr Bauch und Körper. Machen Sie einmal ein Experiment und reduzieren Sie Rohkost zugunsten von Suppen, Eintöpfen, gedünstetem Gemüse, Antipasti-Gemüse (idealerweise selbst gemacht und mit wenig Öl), Kompott oder Fruchtmus. Und Vorsicht bei allem, was Sie nicht mögen. Zwingen Sie sich nicht, etwas zu essen, nur weil alle behaupten, es sei so gesund. Aber bleiben Sie auch experimentierfreudig und lehnen Sie Unbekanntes nicht von vornherein ab. Neues am besten zwei- bis dreimal ausprobieren, und wenn es Ihnen dann noch immer nicht schmeckt, weichen Sie auf Alternativen aus.

Nacht- oder Schichtarbeit

Außergewöhnlichen Belastungen ist das Verdauungssystem bei Nacht- und Schichtarbeitern ausgesetzt. Das Essen muss zu einer Zeit verdaut werden, wenn die Körperfunktionen eigentlich auf Sparflamme laufen. Die Speisen sollten daher leicht verdaulich und bekömmlich sein. Keine fetten, üppigen Mahlzeiten, wenig Rohkost oder rohe Getreideflocken; besser sind warme Mahlzeiten mit Geflügel, Gemüse, Hirse, Polenta oder auch ein Apfelkompott mit Nüssen gegen Mitternacht. Das vertreibt die Müdigkeit und erhöht die Konzentration.

Kinder lernen bei Tisch fürs Leben

Nirgendwo sonst ist der Unterschied zwischen wissenschaftlichen Empfehlungen und dem tatsächlichen Essalltag so groß wie bei der Ernährung von Kindern und Jugendlichen. Besorgte Eltern sind täglich im Gewissenskonflikt, denn schließlich wollen Sie das Kind ja gesund versorgen. Aber gegen die allgegenwärtige Werbung und die Verführungen im Supermarkt oder Fast-Food-Restaurants kommt man schwer an. Das Wichtigste ist, keinen „Kleinkrieg" aus der täglichen Mahlzeiten-Aufnahme zu machen. Es darf auch mal ein Hamburger sein, als Ausgleich gibt es am nächsten Tag eine Gemüsesuppe. Und so unangenehm es klingt: Wenn es in der Familie keine Esskultur gibt, dann kann das Kind diese beim besten Willen nicht lernen. Hier ist Ihr Vorbild gefragt. Wenn Sie ohne Frühstück aus dem Haus hetzen, dürfen Sie sich nicht wundern, wenn auch Ihr Sprössling keine Lust auf Frühstück hat.

Zwingen Sie Ihr Kind auch nicht zum Aufessen und setzen Sie Essen nicht als Belohnung ein. Solche Verhaltensweisen prägen bis ins Erwachsenenalter. Kinder mit funktionierendem Hunger-Sättigungsgefühl essen teilweise sehr unregelmäßig. An manchen Tagen plündern sie den Kühlschrank und dann gibt es Tage, an denen sie nur sehr wenig brauchen. Das ist durchaus normal und sollte nicht zu Streit führen. Allerdings sollte Ihr Kind trotzdem bei den Mahlzeiten am Tisch sitzen und sich nicht anderen Tätigkeiten widmen. Genussvolles Essen soll Spaß und Freude machen.

Beziehen Sie Ihr Kind aktiv in die Zubereitung mit ein. Viele der Rezepte in diesem Buch sind sehr einfach zuzubereiten und können bereits von Volksschülern (gemeinsam mit einem Erwachsenen) zubereitet werden. Lassen Sie Ihr Kind einmal selbst seine Jause einpacken.

Selbstverständlich gehört auch das Naschen zur Kinderernährung. Aber stellen Sie klare Regeln auf. Sie bestimmen die Menge – am besten gleich für eine Woche –, dann kann Ihr Kind selbst entscheiden, wann es wie viel davon gibt. Süßigkeiten sollten nicht offen herumstehen, eine Schüssel mit Obst dagegen schon.

Kinder und Jugendliche müssen tagtäglich in der Schule vielfältigen Anforderungen gerecht werden. Am Nachmittag fordern dann Sport, Spiel und Hausaufgaben viel Energie – das Tagespensum ist mit dem eines Erwachsenen vergleichbar. Eine gute Unterstützung sind regelmäßige Mahlzeiten; bei Kindern sind dies idealerweise fünf Mahlzeiten. Kein Frühstück oder die fehlende Jause sind die häufigsten Ursachen für einen Leistungsabfall am Vormittag. Trinken ist für Kinder ebenfalls sehr wichtig. Das fördert die Konzentration und verhindert Müdigkeit. Der beste Durstlöscher ist Wasser, aber auch verdünnte Fruchtsäfte oder ungezuckerte Kräuter- oder Früchtetees sind gut geeignet.

Schritt für Schritt zu gesunder Ernährung

Essen sollte Freude machen, eine wohlverdiente Pause bringen und zur Entspannung beitragen. Bei vielen Menschen fehlt ein geregelter Tagesablauf. Alles passiert spontan und flexibel, auch die Nahrungsaufnahme, und so ist im hektischen Alltag die „Jagd nach Nahrung" ein weiterer Stressfaktor. Es gibt keine fixen Essenszeiten oder Pausen und schon gar keine Planung des Einkaufs. Hungrig geht es nach Arbeitsschluss in den Supermarkt. Nun, ein hungriger Magen ist der beste Kunde, er kauft meist mehr als nötig. Ein erster wichtiger Schritt zur Veränderung ist, sich klarzumachen, wie groß der Wille tatsächlich ist, Verantwortung für sich und seine Nahrungsaufnahme zu übernehmen.

Planen Sie Ihr Leben mit Power-Food

Mit ein wenig Planung und Vorbereitung kann ab sofort Ihr Ess-Alltag anders ablaufen. Genauso wie Sie Ihre Arbeitszeit und Ihren Tagesablauf möglichst effizient einteilen und Termine koordinieren, sollten Sie sich rechtzeitig über Ihre Mahlzeiten Gedanken machen. So wissen Sie meist schon am Vortag, dass am nächsten Abend ein Geschäftsessen stattfindet oder Sie mit Ihrer Freundin essen gehen werden. Entsprechend können Sie Ihre Mittagsmahlzeiten anpassen und so eine gute Tagesbilanz erreichen.
Planung bewahrt auch davor, unter Zeitdruck immer wieder zum Gleichen zu greifen. Die Zeit, die Sie am Vortag oder in der Früh verbrauchen, um gesunde Gemüsesnacks herzurichten oder sich über das Mittagessen Gedanken zu machen, wird Ihnen Ihr Körper definitiv danken.

Ziele definieren

Vorlieben und Gewohnheiten sind über viele Jahre entstanden. Bei Kindern ist das etwas anders. Sie haben durch Vorbilder und eine große, bunte Auswahl an Lebensmitteln die Chance, es von Anfang an „richtig" zu machen. So wie man sich an fett- und zuckerreiche Speisen gewöhnen kann, so gewöhnt man sich auch an gesunde, frische Zutaten. Interessant ist, dass nach einer gewissen Zeit die fetten und zuckersüßen Sachen nicht mehr so interessant sind und viel zu süß oder fettig schmecken. Viele Motivationstrainer empfehlen, ein positives Ziel zu finden und dieses schriftlich zu formulieren. Was ist Ihnen wichtig? Was möchten Sie mit Ihrer Ernährung erreichen? Meist heißt es dann: gesund bleiben, nicht mehr so müde oder schlapp sein, nicht mehr dick sein. Besser ist es aber, eine positive Formulierung zu finden, wie z. B.: Ich möchte morgens wach und frisch sein, schlank sein oder mich fit fühlen. Noch hilfreicher ist es, wenn Sie ein klares Ziel mit der Ernährungsumstellung verbinden. Wenn Sie das dann vor Augen haben, ist nicht mehr jeder Schokoriegel verführerisch.

Viele kleine Schritte

Machen Sie das Thema Ernährung zu einem „Projekt" und gehen Sie strategisch vor. Bei der Umsetzung kann die „Politik der kleinen Schritte" helfen. Ersetzen Sie zum Beispiel die Limonade zum Essen durch Wasser. Beginnen

Eine Einkaufsliste hilft Zeit zu sparen.

Sie mit diesem einen Punkt, aber setzen Sie diesen konsequent um. Mit der Zeit wird es Routine sein, Wasser zu trinken. Dann sind Sie bereit für den nächsten kleinen Schritt. Manchmal wird es notwendig sein, Kollegen oder Chefs mit einzubeziehen, z. B. wenn es um die Anschaffung eines Wasserkochers geht oder das Bereitstellen eines Obstkorbs. Nutzen Sie die Tipps aus diesem Buch bei Ihrem nächsten Einkauf und finden Sie einmal heraus, wo im Supermarkt oder Bioladen die empfohlenen Zutaten zu finden sind. Probieren Sie nach und nach verschiedene Rezepte und ungewohnte Zutaten aus. Vieles wird Ihnen schmecken, manches spricht sie vielleicht weniger an. Das Wichtigste ist, langfristig Lösungen zu schaffen, die Ihrem persönlichen Gusto entsprechen, gut für Sie durchführbar sind und mehr Abwechslung in Ihren Ess-Alltag bringen.

Einige Regeln verinnerlichen

Aktuelle Studien zeigen, dass Kinder vor allem dann zu Übergewicht neigen, wenn es keinerlei „Regeln" im (Ess-)Alltag gibt. Regeln können sein: Süßigkeiten nur nach dem Essen, bestimmte Essenszeiten einhalten usw.

Auch Erwachsenen tut es gut, sich an gewisse Regeln zu halten. Selbstverständlich müssen diese zu Ihren Lebensumständen und Gewohnheiten passen.

Hier ein paar Vorschläge:

- den Tag mit einem Frühstück starten
- einen festgelegten Mahlzeitenrhythmus befolgen
- regelmäßig und ausreichend trinken
- Gemüse und/oder Obst zu/nach jeder Mahlzeit
- bei Gemüse und Obst die „Ampelregel" berücksichtigen, d. h. täglich etwas Rotes, Grünes und Gelbes essen
- Kohlenhydrate in Maßen
- zu jeder Mahlzeit eiweißhaltige Lebensmittel essen
- täglich hochwertige Pflanzenöle verwenden
- Süßes ist erwünscht – allerdings in Maßen
- frische Zutaten bevorzugen
- täglich eine warme Mahlzeit
- ein- bis zweimal pro Woche Fisch essen
- zwei- bis viermal pro Woche Hülsenfrüchte essen

So einfach sich viele der Regeln anhören, die Stolpersteine lauern in der Praxis, vor allem wenn Sie häufig auf Außer-Haus-Verpflegung angewiesen sind. Viele Mittagsmenüs bestehen noch immer vorrangig aus einer großen Fleischportion mit Sättigungsbeilagen (Nudeln, Kartoffeln oder Reis). Von Gemüse fehlt oft jede Spur und von der fetten Soße wollen wir erst gar nicht reden. Auch die vielen Brötchen mit Käse und Schinken enthalten meist nur ein Alibi-Salatblatt, das häufig bereits welk und nicht sehr einladend ist. Die Welt um Sie herum hat leider oft wenig Ahnung, was eine ausgewogene Ernährung ausmacht, oder man verzichtet aus Kostengründen darauf, diese anzubieten. Hier gilt es, für sich selbst eine Entscheidung zu treffen. Lassen Sie sich dieses Diktat aufzwingen oder wehren Sie sich? Lesen Sie im nächsten Kapitel mehr darüber, welche Alternativen es gibt.

Erfolge feiern

Gewohnheiten zu verändern, ist Schwerstarbeit. Jeder kleine Schritt ist ein Erfolg und sollte belohnt werden – vielleicht mit einem Kino- oder Theaterbesuch. Sie werden sehen, sobald Sie sich intensiver mit dem Thema Ernährung auseinandersetzen, werden Ihnen die entsprechenden Informationen „über den Weg laufen"; Sie entdecken neue Produkte im Supermarkt, ein neues Restaurant mit ausgewogenem Mittagstisch, lesen interessante Artikel in Zeitschriften usw.
Sinnvoll ist es, den Wochenablauf zu planen. Sie können beispielsweise am Wochenende für Montag und Dienstag vorkochen und das Essen mitnehmen. Am Mittwoch geht es dann einmal ins Restaurant oder in die Kantine und am Donnerstag und Freitag gibt es etwas Schnelles aus der Teeküche.

Gemeinsam geht es leichter

Besprechen Sie Ihre neuen Vorhaben mit dem Partner, der Familie, mit Kollegen und Freunden. In der Gruppe oder im Team geht vieles einfacher. So kann den wöchentlichen Einkauf z. B. auch Ihr Partner erledigen, oder im Büro abwechselnd ein anderer Kollege kochen. Das funktioniert auch gut nach einem Rotationsprinzip: Einmal bringt die eine Kollegin Obst mit, dann eine andere, so hat jeder Einzelne Unterstützung. Das gemeinsame Interesse an gesunder Ernährung schafft ein Zusammengehörigkeitsgefühl und verbindet.

Take away from home

Was wie ein schöner Songtitel klingt, soll Sie dazu animieren, die Qualität Ihrer Nahrung selbst zu bestimmen. Mitgebrachtes Essen muss nicht aufwendig sein. So ungewohnt vielleicht am Anfang das Vorausdenken und die Planung ist, in Kürze werden Sie merken, wie stressfrei dadurch der Berufs- oder Schulalltag sein kann. Kein schnelles Hetzen zum Imbissstand oder Supermarkt. Nein, Sie haben bereits alles und können gemütlich Ihre Pause beginnen. Mitgebrachtes Essen muss auch nicht langweilig sein, das zeigen die Rezepte in diesem Buch.

Vorkochen und vorbereiten

Wer sagt, dass nur die Industrie (Tief)Kühlgerichte zaubern kann? Auch Sie können gesunde Gerichte kochen und diese portionsweise einfrieren oder für ein bis zwei Tage im Kühlschrank aufbewahren. So brauchen Sie morgens nur eine Portion einpacken und schon sind Sie gerüstet für den Tag! Und das Vorkochen bereitet keinen zusätzlichen Zeitaufwand. Kochen Sie einfach eine größere Menge und portionieren Sie nach dem Essen die übrig gebliebenen Mengen. Viele Gerichte schmecken auch aufgewärmt gut oder können kalt gegessen werden. Vor allem Beilagen wie Nudeln, Kartoffeln oder Getreide (z. B. Reis, Hirse, Buchweizen) sollten immer in

Kleine und große Tipps fürs Vorkochen

- Keine zu aufwendigen Rezepte, das Einfache ist meist das Beste!
- Grundnahrungsmittel einmal pro Woche einkaufen, das spart Zeit und Nerven.
- Abwechslung bringt's: Je mehr verschiedene Lebensmittel Sie essen, desto höher ist die Wahrscheinlichkeit, dass etwas Gesundes dabei ist.
- Saisonales und regionales Obst und Gemüse bevorzugen, evtl. auch einen Bio-Zustelldienst nutzen.
- Mit einem guten Messer macht Gemüseschneiden mehr Spaß.
- Auch „neue" Zutaten wie Haferreis, Dinkelreis, Buchweizen, Polenta, Gerste, Quinoa oder Hirse verwenden.
- Hochwertige Öle (z. B. Walnussöl, Kürbiskernöl) bringen mehr Geschmack.
- Kräuter und Gewürze schaffen Abwechslung.
- Fertiges Fruchtmus aus dem Supermarkt (Apfelmus, Zwetschkenröster, Marillenröster, Apfel-Sanddorn-Mus) ergibt mit Naturjoghurt oder Topfen verrührt eine schnelle Mahlzeit.
- Salatdressing auf Vorrat kann in einem Schraubglas im Kühlschrank bis zu einer Woche aufbewahrt werden. Basisrezept für eine Wochenration (8–10 Portionen): 100 ml Balsamico-Essig, 1 TL scharfer Senf, Salz, Pfeffer und 150 ml Oliven- oder Rapsöl gut verrühren und kühl stellen. Vor Gebrauch immer gut schütteln.
- Instant-Zutaten nutzen: Couscous, Glasnudeln, Wok-Nudeln und Getreideflocken müssen lediglich mit heißer Flüssigkeit aufgegossen werden. Da fast überall ein Wasserkocher verfügbar ist, können Sie diese Zutaten gut für Ihre Büromahlzeiten nutzen. Sie brauchen einzig eine große Schüssel, einen Löffel zum Umrühren und das Essen ist fertig.

größerer Menge gekocht werden. Reste davon sind ideal für Salate und brauchen nur mehr mit Gemüse und einer Eiweißzutat ergänzt werden.
Und wenn Sie vielleicht Lust auf ein klassisches Jausenbrot haben, dann können Sie auch hier etwas mehr Abwechslung schaffen. Vollkornbrot oder -gebäck ist eine gute Basis für eine ausgewogene Jause oder Mahlzeit. Kohlenhydrate aus Vollkorngetreide wie Roggen, Dinkel oder Weizen werden langsam verdaut, stabilisieren den Blutzucker und halten dadurch länger satt.
In unseren Breiten gibt es viele Brotsorten und Gebäckvariationen. Immer häufiger gibt es in Städten auch Bagels zu kaufen oder der Supermarkt bietet Fladenbrote oder Wraps zum Selberfüllen an. Nutzen Sie diese innovativen Angebote, um Abwechslung in Ihren Ess-Alltag zu bringen. Mit einem Aufstrich aus Kräutertopfen, Tomatenmark, Frischkäse, Pesto, Senf oder Bohnen/Linsen/Kichererbsen wird das Brot saftig und würzig. Ergänzen Sie Ihr Jausenbrot mit Schinken, Roastbeef, Käse, Räucherfisch, Geflügel, Sauergemüse wie Essiggurken oder Senfgurken, Vogerl-, Radicchio-, Rucola-, Chicoréesalat oder verschiedenem Gemüse.

Couscous-Müsli

Für 5 Portionen werden 300 g Couscous, 5 EL Sesamsamen, 100 g geriebene Mandeln oder Nüsse, 50 g Cashewkerne, 1 TL Zimt, 100 g Trockenfrüchte (klein geschnitten) und 2 EL Vanillezucker gut vermischt. In einem Schraubglas oder einer Kunststoffdose aufbewahren. Bei Bedarf einige Esslöffel davon in eine Schüssel geben und mit kochendem Wasser übergießen, 5 Minuten ziehen lassen. Das Müsli kann mit frischem Obst (z. B. Beeren, geriebenem Apfel) ergänzt werden.

Couscous-Müsli

Behälter mit gut schließendem Deckel

Appetitlich verpacken

Ihr Essen ist vorbereitet? Aber wie lässt es sich jetzt sicher transportieren, ohne dass in der (Schul)Tasche alles ausläuft? Die Haushaltsindustrie bietet verschiedene stabile und pflegeleichte Transportgefäße:

- **Frischhaltedosen aus Kunststoff:** Achten Sie auf einen dichten Verschluss, damit Flüssigkeiten nicht auslaufen können. Es gibt auch Dosen mit Unterteilungen, in denen verschiedene Zutaten getrennt transportiert werden können. Idealerweise den Behälter zusätzlich in eine Plastiktüte geben, falls doch einmal etwas Flüssigkeit ausläuft.
- **Schraubgläser:** Sind besonders gut für Flüssigkeiten wie Suppen, Eintöpfe oder Salatsoßen geeignet. Auch Getreidesalate oder Antipasti-Gemüse können darin gut transportiert werden. Wegen der Bruchgefahr am besten in ein Küchentuch wickeln.
- **Puddingform mit Deckel:** So sind auch Süßspeisen für unterwegs transportsicher, z. B. Pudding, Grießbrei, Polenta (süß oder pikant).
- **Thermoskanne:** (Getreide)Suppen oder Eintöpfe bleiben darin für einige Stunden warm.

Kochen und aufwärmen

Viele Arbeitgeber sind sich inzwischen der Wichtigkeit einer ausgewogenen Ernährung bewusst. In modernen Büros gibt es häufig voll ausgestattete Teeküchen mit Mikrowelle, Kühlschrank, Spüle, Herd und Backofen. Falls kein Herd verfügbar ist, kann die Anschaffung einer Kochplatte (Elektro, Induktion, Ceran) überlegt werden. Diese gibt es preisgünstig im Elektro-Fachhandel und sie beanspruchen wenig Platz.

Mikrowelle

Mikrowellengeräte sind für die einen unerlässliche Helfer, für die anderen komplett überflüssig oder sogar verpönt. Kaum ein Küchengerät polarisiert so sehr wie die Mikrowelle. Fakt ist, viele Teeküchen sind klein und haben deshalb keinen Herd, aber oft eine Mikrowelle. Wenn es keine andere Möglichkeit gibt, können Sie diese zum Aufwärmen nutzen. Das ist besser, als immer nur Fast Food, Süßigkeiten oder Rohkost zu essen. Vor allem dann, wenn Sie ein ausgewogenes, selbst zubereitetes Essen mitgebracht haben.

Wasserbad

Es gibt eine ganz einfache Alternative zur Mikrowelle: das Wasserbad. Dazu einfach Wasser in einem Topf erhitzen und die in Schraubglas oder Gefrierbeutel (sind meist bis 115 °C kochfest) verpackten Speisen darin aufwärmen. Ein TV-Koch hat mariniertes Fleisch und Gemüse im Beutel sogar einmal in den Geschirrspüler gelegt – auch das funktioniert, zählt aber wohl eher zu den Kuriositäten und ist nur bedingt alltagstauglich.

Backofen

Wenn ein Backofen an Ihrem Arbeitsplatz vorhanden ist, dann können Sie darin vieles einfach zubereiten. Ein solches Blitz-Rezept ist z. B. überbackenes Gemüse. Dazu einfach Gemüse (z. B. Zucchini, Tomaten, einige Frühlingszwiebeln) in dünne Scheiben schneiden und in eine Auflaufform schichten, würzen, zerbröselten Feta darüberstreuen und im Backofen bei 180 °C 25 Minuten backen. Aufläufe können entweder frisch am Arbeitsplatz zubereitet werden oder Sie bringen bereits alles fertig von zu Hause mit und stellen es dann nur in den Backofen. Ähnlich funktionieren Päckchen aus Alufolie, gefüllt mit Hühnerfleisch und Gemüse, Fisch mit Gemüse, Bohnen mit Gemüse usw. Sie sind ebenfalls gut vorzubereiten und zu transportieren. Diese Päckchen haben auch den Vorteil, dass kein Kochgeschirr abgewaschen werden muss.

Dampfgarer

Gute Unterstützung ist ein Dampfgarer. Essen kochen erledigt sich damit fast von selbst – ohne Umrühren und ohne Anbrennen. Gute Tischgeräte gibt es ab 50 Euro im Elektrofachhandel. Entscheidend ist eine hohe Wattleistung, dann geht die Essenszubereitung oder das Aufwärmen rasch und gleichmäßig. Essen aus dem Dampfgarer ist gesund und schmeckt toll. Es braucht kaum Salz oder Gewürze, da der Eigengeschmack der Zutaten wunderbar zur Geltung kommt. Nahezu alle Nährstoffe bleiben durch die schonende Zubereitung erhalten.

Blitzaufläufe für den Backofen (1 Portion)

- 100 g Karfiol, 100 g Brokkoli, 2 Eier, 50 g Topfen oder Frischkäse, Salz, Pfeffer, Muskat: Gemüse klein schneiden, Eier mit Topfen und Gewürzen vermischen, über das Gemüse geben und bei 180 °C ca. 25 Minuten backen.
- 200 g Spinat, 50 g Feta, Knoblauch, Salz, Pfeffer: Spinat klein schneiden, Knoblauch fein hacken. Spinat mit Knoblauch und Gewürzen vermischen, Feta darüberstreuen und bei 180 °C ca. 25 Minuten backen.
- 150 g gekochte Kartoffeln, 2 hart gekochte Eier, 100 g Spinat, Knoblauch, Salz, Pfeffer, Muskat: Kartoffeln in Scheiben schneiden, Eier und Knoblauch fein hacken, Spinat klein schneiden, mit Kartoffeln, Eiern und Knoblauch vermischen und bei 180 °C ca. 25 Minuten backen.

Blitz-Folienpäckchen für den Backofen (1 Portion)

- 120 g Fischfilet, 200 g Gemüse der Saison, Salz, Pfeffer, Knoblauch, 1 EL Olivenöl: Gemüse schneiden, Fischfilet darauflegen, würzen und in mit Öl bestrichene Folie einpacken, bei 180 °C ca. 20 Minuten backen.
- 120 g Hühnerfilet, 200 g Gemüse der Saison, etwas Ingwer, Salz, Pfeffer, Kräuter (z. B. Basilikum, Petersilie), 1 EL Rapsöl: Gemüse schneiden, Hühnerfilet darauflegen, würzen und in mit Öl bestrichene Folie einpacken, bei 180 °C ca. 25 Minuten backen.
- 150 g gekochte Hülsenfrüchte (Bohnen, Linsen, Kichererbsen), 200 g Gemüse der Saison, Curry, 3 EL Kokosmilch, Salz, Pfeffer: Gemüse schneiden, Hülsenfrüchte untermischen, würzen und in Folie einpacken, bei 180 °C ca. 20 Minuten backen.

Achten Sie auf Ihre Balance

Sobald es bei der Arbeit drunter und drüber geht und kein Ende in Sicht ist, greifen wir oft reflexartig zu süßen Naschereien. Das ist ein beruhigendes Ritual und Balsam für die gestresste Seele. Essen und Emotionen sind stark verwoben und beeinflussen sich gegenseitig. Gegen ein Stückchen Schokolade hin und wieder ist auch nichts einzuwenden. Naschen mit Genuss ist erwünscht und gehört zu einer ausgewogenen Ernährung dazu.
Verboten ist aber die automatische Handbewegung in die Schreibtischschublade und ein gedankenloses In-sich-Hineinstopfen von Zucker und Fett. Ziehen Sie dabei die Notbremse oder bunkern Sie Süßigkeiten zumindest nicht in Ihrem Schreibtisch. Wer aufstehen muss, überlegt es sich vielleicht doch, ob jetzt eine Nascherei notwendig ist. Auch wenn Aufstehen zwischendurch empfehlenswert ist, nutzen Sie diese Pause besser für ein paar Atemzüge am Fenster oder an der frischen Luft, den Griff in den Obstkorb oder für die Zubereitung einer Tasse Tee zur Entspannung. Und wenn es doch einmal unbedingt etwas Süßes sein muss, dann probieren Sie die süßen Naschereien in diesem Buch aus oder greifen Sie zu Schokolade mit mindestens 70 Prozent Kakaoanteil.
In den Reformabteilungen der Supermärkte und im Bioladen gibt es ein breites Angebot an gesünderen Naschereien mit weniger Zucker und Fett, z. B. mit Schokolade überzogene Reiswaffeln, Schoko-Mandeln, Dinkelgebäck, Hildegard-Kekse, Hirsebällchen oder Apfelringe. Diese sind zwar häufig etwas teurer, enthalten dafür aber wertvollere Fettsäuren und belasten nicht. Qualität steht vor Quantität!

Stresssituationen verführen ebenfalls dazu, das Essen einfach hinunterzuschlingen, ohne es ausgiebig zu kauen und ohne zu genießen. Dieses Verhaltensmuster ist oft schon in der Kindheit begründet. „Wenn Du den Teller leer gegessen hast, darfst Du wieder spielen gehen“, ist ein häufiger Satz von Müttern gegenüber ihren Kindern.

Tipps, um Stress zu vermeiden

- **Auszeiten einplanen:** Planen Sie eine Mittagspause ein, statt vor dem Computer während der Arbeit zu essen. Eine Pause hilft Ihnen, kurz abzuschalten, neue Energie zu tanken und auf andere Gedanken zu kommen.
- **Aufstehen:** Und am besten kurz raus aus dem Büro. Ein Tapetenwechsel von 10–15 Minuten, z. B. eine Runde um den Block, verschafft Ihnen (frische) Luft und Raum. Und lassen Sie Ihr Handy im Büro oder schalten Sie es ab.
- **Durchatmen:** Gönnen Sie sich regelmäßig frische Luft am geöffneten Fenster, dann geht die Arbeit wieder leichter von der Hand.
- **Vorsorgen und planen:** Natürlich kann es vorkommen, dass eine Mittagspause einmal nicht möglich ist. Eine schnelle, vorbereitete Mahlzeit von zu Hause bringt Energie in wenigen Minuten und ist wesentlich besser als Schokolade und Kekse aus der Schublade.
- **Trinken:** Bei zu wenig Flüssigkeit macht unser Körper schlapp und wir werden geistig müde. Stellen Sie sich einen Krug oder eine Flasche Wasser auf Ihren Schreibtisch, damit Sie in Stresszeiten zumindest trinken können. Kaffee in Maßen (1–3 Tassen täglich) ist erlaubt!

Das ist oft der Auslöser dafür, dass Essen hastig in sich hineingeschaufelt wird. Solche hastigen Mahlzeiten verhindern ein natürliches Sättigungsgefühl. Das heißt, wir essen viel mehr, als unser Körper eigentlich verlangt und es kommt zu einem Nahrungsüberschuss und langfristig zu Übergewicht.

Essen statt stressen

Aber drehen wir den Spieß einmal um und betrachten das Thema Essen und Stress von der anderen Seite. Gibt es auch Speisen, die die Stimmung positiv beeinflussen und dabei helfen, Stress besser zu bewältigen? Die Antwort ist Ja. Mit der richtigen Ernährung bekommen wir mehr Gelassenheit. Die komplizierte Chemie im Gehirn wird durch Neurotransmitter beeinflusst. Das sind Nervenbotenstoffe, die Informationen von einer Nervenzelle zur nächsten weiterreichen. Vereinfacht gesagt, gilt: Wenn der Bote mit den richtigen Vitaminen, Mineralstoffen und Spurenelementen „gefüttert" wird, dann können Sie geistig und körperlich zu Hochform auflaufen. Vorausgesetzt, Ihre Ernährung ist auch sonst halbwegs ausgewogen.

Edamame (grüne Sojabohnen)

Junge Sojabohnen sind grün, knackig und schmecken fast wie Erbsen. Man findet sie in den Tiefkühlabteilungen vieler Asialäden. Ungeschält und kurz in Salzwasser (besonders mit Sternanis) gekocht, sind sie ein gesunder Snack für zwischendurch. Man isst sie, indem man die Bohne aus der Hülse direkt in den Mund drückt.

Grüne Sojabohnen

Geschält erhalten Sie junge Sojabohnen inzwischen auch im Supermarkt als Tiefkühlprodukt. Sojabohnen enthalten viel Magnesium. Der Mineralstoff Magnesium wirkt hemmend auf alle Erregungsvorgänge und ist somit genau richtig in Stresssituationen. Lebensmittel mit einem hohen Magnesiumgehalt dämpfen die Erregbarkeit von Nerven und Muskeln, mindern Gereiztheit und Aggressionen. An stressigen Tagen die Sojabohnen am besten gleich zum Frühstück essen. Einfach in etwas Oliven- oder Rapsöl dünsten, mit Salz und Pfeffer würzen und gehackte Kräuter dazugeben (z. B. Petersilie, Basilikum). Sie schmecken aber auch hervorragend in Gemüsesuppen oder Salaten. Edamame ohne Hülse haben zudem wenig Kalorien, ca. 125 Kilokalorien pro 100 Gramm.

Kräutertee

Auch Kräutertees können das seelische Wohlbefinden unterstützen. Baldrian, auch bekannt als „Wurzel der Ruhe", dient vor allem in Kombination mit Hopfen als Einschlafhilfe am Abend. Tagsüber können Sie zu Zitronenmelisse, Orangenblüten, Kamille, Verbene oder Rosenknospen greifen. Die chinesische Medizin setzt auf Ginseng und Ingwer zur Stressbekämpfung. Beide Pflanzen helfen erschöpften Menschen bei der Regeneration, stärken das Immunsystem und erhöhen die Belastungsfähigkeit. Ginseng und Ingwer können gut als Tee, häufig auch in Kombination mit Grüntee, tagsüber verwendet werden.

Sehr beliebt sind in China auch getrocknete Bocksdornfrüchte *(fructus lycii),* bei uns als „Goji-Beeren" im Handel. Sie wirken blutaufbauend und unterstützen vor allem die Augen bei stundenlanger Bildschirmarbeit. Einfach einen Teelöffel der getrockneten Beeren zum Grüntee geben oder pur mit heißem Wasser trinken. Die aufgeweichten Beeren können dann auch gegessen werden. Von Kaffee und Schokolade sollten Sie in Stresszeiten eher die Finger lassen, denn beide können die Nervosität verstärken.

Anti-Stress-Food

Lebensmittel	Wirkstoff
Hafer, Dinkel, Hirse, Amarant, Quinoa, Mais	B-Vitamine, Magnesium, Tyrosin, Vitamin E
Nüsse, Samen	Magnesium, Vitamin E, Eisen
Datteln, Feigen, Bananen	Kalium
Heidelbeeren, Brombeeren, Holunderbeeren	Anthocyane, Flavonoide
Rote Rüben	Folsäure
Marillen, roter und gelber Paprika	Carotinoide
Hülsenfrüchte, Sojaprodukte	Eiweiß, B-Vitamine, Eisen, Magnesium
Fette Fische (Lachs, Makrele, Hering)	Omega-3-Fettsäuren
Rindfleisch, Roastbeef	Eisen

Richtige Auswahl beim Essengehen

Wer beruflich viel unterwegs ist, nutzt häufig Speiseangebote der Gastronomie und aus dem Handel. Und auch alle, die in der Schule oder am Arbeitsplatz über eine Kantine verfügen, haben mittags die Qual der Wahl.

Fast Food international

Fast Food ist beliebt, egal ob vom Würstelstand, der Pizzabude oder einer internationalen Kette. An fast jeder Ecke gibt es das schnelle Essen. Es ist unkompliziert, direkt mit den Fingern oder vom Pappteller zu essen. Der Inbegriff von Fast Food ist der Hamburger, aber auch traditionelle Snacks wie Bratwurst, Leberkäsesemmel oder Käsekrainer gehören dazu. Allen gemeinsam ist ihr hoher Fettgehalt. Die beliebte Currywurst mit Pommes rot-weiß deckt sogar den Tagesbedarf an Fett. Besser als sein Ruf ist hingegen das Grillhähnchen. Ergänzt mit einem Salat ist es ein gesundes Mittagessen – da darf sogar die knusprige Haut dranbleiben. Als gesünderes Fast Food gilt auch Dönerkebab, vor allem in der Variation mit Hühnerfleisch. Mit Joghurtsoße und Gemüsebeilage ist er halbwegs ausgewogen, mit etwa 700 Kalorien pro Portion aber eine Hauptmahlzeit und kein Pausensnack. Ideales Fast Food bietet die Asia-Küche mit viel Gemüse, Fisch, Geflügel und magerem Fleisch. Bei fettarmer Zubereitung auf der heißen Teppan-Platte oder im Wok sind solche Speisen, mit Reis oder Nudeln ergänzt, sehr ausgewogen. Auch Sushi und Fischbrötchen mit Lachs, Forelle, Matjes oder Makrele sind – ergänzt mit Zwiebelringen und Gemüse oder Salat – empfehlenswerte Mahlzeiten. Bei panierten Fischfilets oder Tintenfischringen steigt allerdings der Fettanteil gewaltig. Relativ neu in der Kategorie Fast Food sind Wraps, das sind dünne Teigfladen, die mit Gemüse, Bohnen, Geflügel oder Maiskörnern gefüllt werden.

Fertiggerichte

Bei kleinen Teeküchen oder wenig Zeit bieten sich Fertig- und Halbfertiggerichte an. Sie müssen lange haltbar sein und enthalten deshalb häufig Zusatzstoffe und versteckte Salze. Ob ein Produkt hochwertig ist, können Sie an der Reihenfolge der aufgelisteten Zutaten gut erkennen. Was ganz weit vorne steht, ist auch in großen Mengen enthalten. Vermeiden Sie Speisen, bei denen im ersten Drittel bereits Zutaten wie Zucker, Fett oder Salz (Sodium) aufgelistet sind. Bezeichnungen, die mit „-ose" enden, weisen auf Zucker hin (Glukose, Fruktose, Dextrose, Galaktose). E-Nummern bezeichnen neben Konservierungs- und Farbstoffen auch Geschmacksverstärker. Wenn Sie Fertigprodukte verwenden, diese am besten mit frischem Gemüse ergänzen (Suppe oder Salat). Ernährungswissenschaftler empfehlen Tiefkühlgemüse als die beste Alternative zu frischen Lebensmitteln. Das Gemüse wird geerntet, gewaschen und umgehend tiefgekühlt. So erleidet es kaum Nährstoffverluste. Es hat zusätzlich den Vorteil, dass aufwendiges Waschen und Putzen entfällt. Anhänger von Vollwertkost oder asiatischen Ernährungslehren (Ayurveda, TCM) raten von Tiefkühlkost eher ab, weil diese Nahrung keine Energie (Qi) mehr enthält. Wie bei Vielem liegt die Wahrheit wohl in der Mitte und in der Abwechslung.

In der Kantine

Kantinenessen hat den Ruf, üppig, fett und ungesund zu sein. Häufig stimmt das auch. Aber es gibt viele gute Betriebe, die abwechslungsreiche (vegetarische) Menüs und Salatbuffets anbieten. Denken Sie daran, Sie haben die Wahl! Wenn Sie sich täglich nach dem Mittagessen in der Kantine müde und unwohl fühlen, dann ist es wohl Zeit, über Alternativen nachzudenken. Sie können deftige Soßen und üppige Beilagen weglassen und dafür am Salatbuffet oder beim Gemüse ordentlich zulangen. Vorsicht bei Gebackenem, Überbackenem, Frittiertem (auch Gemüse) und fetten Sahnesoßen, das alles macht nach dem Essen müde. Wenn Sie eine sitzende Bürotätigkeit ausüben, dann verbrauchen Sie niemals die bei einem solchen Mittagessen aufgenommenen Kalorien.

Bei Kantinen mit Komponentenwahlsystem viel Gemüse (mindestens eine gut gefüllte Handvoll), eine kleine Portion (etwa eine Handfläche groß) Eiweiß (Fisch, Fleisch, Geflügel, Ei, Käse) und eine kleine Menge Kohlenhydrate (etwa eine Faust groß) wählen. Das Ganze sollte möglichst fettarm zubereitet sein. Grillgerichte oder Wokgerichte sind ideal.

Im Restaurant oder Gasthaus

Bei Geschäftsessen oder häufigem Essen in Restaurants oder Gasthäusern gelten im Großen und Ganzen die Empfehlungen wie in der Kantine. Wenn Sie nicht auf Mittagsmenüs zurückgreifen, sondern „à la carte" auswählen, haben Sie meist eine wesentlich größere Auswahl. Eine gesunde Wahl besteht aus viel Gemüse bzw. Salat, ergänzt mit Fisch, Geflügel, magerem Fleisch, Hülsenfrüchten, Tofu und einer Beilage wie Kartoffeln, Getreide (Reis, Hirse, Polenta) oder Nudeln. Als Vorspeise eignen sich klare Gemüsesuppen, Minestrone, Miso- oder Tomatensuppe.

Wenn Sie Salat als Hauptspeise essen, dann bieten sich Varianten mit Puten- oder Hühnerbrust, Fisch oder Rinderfilet an. Fleisch oder Fisch besser natur (Filet, Medaillon oder Steak) als paniert bestellen. Ein Naturschnitzel enthält nur fünf Gramm Fett, ein Wiener Schnitzel im Vergleich dazu 30 Gramm. Bei vegetarischen Gerichten sollten Sie ebenfalls darauf achten, dass diese nicht frittiert (z. B. Champignons, Käse), mit Käse überbacken oder dick mit Soßen übergossen sind. Die gemüsereichen asiatische und die mediterrane Küche gelten allgemein als sehr gesund. Eine gute Wahl ist hin und wieder auch ein Steakhaus. Ein Stück Fleisch, Geflügel oder Fisch mit Salat und Folienkartoffel ist eine ausgewogene Mahlzeit. Vorsicht allerdings bei fetten Salatsoßen und dem Kräuterrahm für die Kartoffel!

Tipps für Geschäftsessen

- Keine übergroßen Portionen essen, bzw. besser nur zwei statt drei Gänge (Suppe, Hauptspeise oder Hauptspeise und Dessert).
- „Leichte" Speisen bevorzugen.
- Intensiv kauen.
- Das Handy abschalten.
- Dem Gegenüber viele offene Fragen, das sind solche, die man nicht mit Ja oder Nein beantworten kann, stellen. So haben Sie während des Zuhörens Zeit, in Ruhe zu essen.

Unterwegs auf Geschäftsreise

Zugegeben, „on the road" zu essen, ist nicht immer einfach. Einerseits bleibt oft wenig Zeit, die Termine sind eng geplant und man möchte lieber rasch Feierabend haben, als lange Zeit in Restaurants zu sitzen. Außerdem ist ständiges Essen in Restaurants auch eine Kostenfrage. Die Rezepte im Kapitel „Fingerfood" im Rezeptteil (Seite 55) sind genau auf die Bedürfnisse von Menschen, die viel unterwegs sind, abgestimmt. Es sind Speisen, die man gut mitnehmen kann und die zur Not auch ohne Kühlung auskommen. Wenn Sie sehr häufig mit dem Auto unterwegs sind, empfiehlt sich die Anschaffung einer kleinen Kühlbox, die am Zigarettenanzünder angeschlossen werden kann.
Hier noch einige Tipps für ein „Notpaket" für unterwegs. Beachten Sie aber: Diese „Snacks" sollen weder Ihr Frühstück noch ein ausgewogenes Essen ersetzen, können aber, wenn es einmal besonders schnell gehen muss, den Tag „retten".

- Obst (Bananen, Äpfel, Zwetschken, Marillen)
- Vollkornbrot, Kornspitz, Reiswaffeln, Knäckebrot
- Rohkost, Antipasti-Gemüse, Oliven, Rote-Rüben-Salat, Selleriesalat, eingelegter Spargel
- Geflügelschinken, Roastbeef, magerer Schinken
- Feta, Hüttenkäse, Liptauer, Mozzarella, Quargel, Camembert, Schnittkäse
- Bohnen- oder Linsenaufstrich, Hummus
- Naturjoghurt, Buttermilch, Sauermilch
- Nüsse oder Samen

Die meisten Zutaten bekommen Sie in jedem Supermarkt oder an einer Tankstelle.

Gebrauchsanweisung

Die folgenden Rezepte sind in drei Kapitel unterteilt. Im ersten Teil „Salate, Strudel & Co" finden Sie Rezepte, die gut zum Mitnehmen geeignet sind. Alle Rezepte sind nach dem Motto „Wenig Aufwand – große Wirkung" zusammengestellt, d. h. die Vorbereitung dauert meist nur 15–30 Minuten, es können auch größere Mengen für mehrere Tage zubereitet werden und sie sind gut transportier- und lagerfähig und haltbar. Allerdings sollten Sie dafür zumindest eine Teeküche mit Kühlmöglichkeit haben. Kinder und Jugendliche können diese Speisen ebenfalls gut in die Schule mitnehmen, wenn sie vor dem Einpacken gekühlt wurden und innerhalb von 1–3 Stunden verzehrt werden. Bitte weisen Sie Ihre Sprösslinge darauf hin, in den Sommermonaten das mitgebrachte Essen nicht in der Sonne stehen zu lassen.
Im Kapitel „Fingerfood" finden Sie Rezepte, die ohne Besteck gegessen werden können. Auch sie können ohne Kühlung für einige Stunden transportiert werden und eignen sich für den Verzehr im Auto oder unterwegs. Servietten sind allerdings hilfreich, damit Ihre Kleidung nicht beschmutzt wird und Sie sich nach dem Essen die Hände säubern können.
Im dritten Kapitel finden Sie Rezepte für Süßspeisen, schließlich muss auch einmal genascht werden.
Alle Rezepte sind – wenn nicht anders angegeben – für zwei Personen berechnet. Für Kinder sind es auch einmal drei Portionen, je nachdem, wie alt Ihr Kind ist, und ob gerade ein Wachstumsschub für großen Appetit sorgt.

Salate & Co

Kichererbsensalat mit Grillgemüse

1 Melanzani
1 roter Paprika
1 gelber Paprika
Olivenöl zum Beträufeln
2 Knoblauchzehen
Salz
Pfeffer aus der Mühle
4 EL Balsamico-Essig
Saft einer Zitrone
2 EL gehackte Kräuter
(z. B. Petersilie, Oregano,
Thymian, Basilikum)
2 EL Olivenöl
2 Fleischtomaten
300 g Kichererbsen (vorgekocht
oder aus der Dose)

Backofen auf 250 °C mit Grillfunktion vorheizen oder einen Grill aufheizen. Melanzani waschen und in dünne Scheiben schneiden. Paprika waschen, Kerngehäuse entfernen und in 1 cm breite Stücke schneiden. Melanzani und Paprikastücke auf ein mit Backpapier ausgelegtes Blech legen und mit Olivenöl bestreichen. Im Backofen 10–12 Minuten grillen. Sobald das Gemüse Farbe annimmt, wenden.

Das gegrillte Gemüse in eine Schüssel geben. Knoblauchzehen schälen und durch die Presse drücken. Das Gemüse mit Knoblauch, Salz, Pfeffer, Balsamico-Essig, Zitronensaft, gehackten Kräutern und Olivenöl gut durchmischen.

Die Tomaten waschen und in Würfel schneiden. Tomatenwürfel und abgespülte Kichererbsen unterheben und alles gut vermischen.

Kichererbsen

Die kühlend erfrischende Wirkung der Kichererbsen ist im Sommer eine Wohltat. Ob als Salat mit Gemüse, Eintopf oder Falafel – es gibt viele Zubereitungsmöglichkeiten. Nach der TCM wirken Kichererbsen besonders stärkend auf die Milz und sie entspannen bei Druckgefühl im Brustraum.

Kartoffel-Gemüse-Salat

4 Kartoffeln
2 Eier
1/2 Salatgurke
2 Tomaten
1 roter Paprika
4 EL Apfelessig
2 EL Rapsöl
Pfeffer aus der Mühle
Salz
1 Becher Kresse

Kartoffeln und Eier kochen – idealerweise bereits am Abend vorbereiten.

Am Morgen dann die Kartoffeln schälen und in Würfel schneiden. Salatgurke und Tomaten waschen und in Scheiben schneiden. Paprika waschen, Kerngehäuse entfernen und in dünne Streifen schneiden.

Kartoffeln mit dem Gemüse vermischen und mit Essig, Rapsöl, Pfeffer und Salz marinieren. Den Salat in ein Transportgefäß füllen. Die hart gekochten Eier schälen, halbieren und auf dem Salat verteilen. Mit Kresse garnieren und verschließen.

Küchentipp

Als Variante statt der Eier Schafkäse oder Mozzarella zum Kartoffelsalat geben. Auch klein geschnittener Schinken passt gut dazu – einfach unter den Salat heben.

Bunter Bohnensalat

150 g Brokkoli
200 g Karotten
330 g rote Bohnen (vorgekocht oder aus der Dose)
10 Kapernbeeren
3 EL Balsamico-Essig
2 EL Olivenöl
Salz
Pfeffer aus der Mühle
1 Bund Schnittlauch

Brokkoli waschen und in kleine Röschen zerteilen. Karotten putzen und in Scheiben schneiden. Gemüse im Dampfgarer oder etwas Salzwasser bissfest kochen.

In einer großen Schüssel das Gemüse mit den Bohnen und Kapernbeeren vermischen. Aus Balsamico-Essig, Olivenöl, Salz und Pfeffer eine Marinade bereiten und über den Salat geben.

Schnittlauch in Röllchen schneiden und darüberstreuen.

Variante 1

330 g weiße Bohnen, 2 Frühlingszwiebeln, 10 Cocktailtomaten, 3 Radieschen, 1–2 Handvoll Vogerlsalat, 4 EL Apfelessig, 2 EL Olivenöl, 1 TL Senf, Salz, Pfeffer

Variante 2

220 g gekochte Maiskörner, 250 g rote Bohnen, 1 Avocado, 2 Tomaten, 2 Frühlingszwiebeln, 2 EL Rapsöl, 2 EL Apfelessig, Saft einer Zitrone, Salz, Pfeffer

Perlweizensalat mit Thunfisch

125 g Perlweizen
1 Dose Thunfisch, naturell
150 g Mais
8 Oliven
Salz
Pfeffer aus der Mühle
3 EL Balsamico-Essig
2 EL Olivenöl

Perlweizen in Salzwasser aufkochen und zugedeckt auf kleiner Flamme etwa 15 Minuten ausquellen lassen.

Gekochten Perlweizen abseihen und abkühlen lassen. Wenn es schnell gehen soll, kann man ihn auch mit kaltem Wasser kurz abspülen.

Thunfisch abtropfen lassen, mit einer Gabel in kleine Stücke zerteilen und mit dem Mais zum Perlweizen geben.

Oliven entkernen und halbieren. Den Salat mit Salz und Pfeffer, Essig und Öl abschmecken und gut durchrühren.

Küchentipp

Zum Mitnehmen die Marinade separat in ein Schraubgefäß geben und erst kurz vor dem Verzehr unter den Getreidesalat mischen. Wenn Sie Essig und Öl am Arbeitsplatz haben, können Sie den Salat auch vor Ort frisch anmachen. Als Alternative zu Perlweizen können Sie auch Hafer- oder Dinkelreis verwenden (beides im Bioladen, Reformhaus oder in ausgewählten Supermärkten erhältlich)!

Kartoffeln mit Kräutertopfen

400 g Kartoffeln
100 g Topfen, mager
100 ml Naturjoghurt
2 EL Sauerrahm
2 EL Kürbiskerne
1 TL Senf
2 EL gehackte, frische Kräuter (z. B. Petersilie, Schnittlauch, Basilikum, Pfefferminze, Thymian)
Salz
Pfeffer aus der Mühle
1 Prise Muskatnuss, frisch gerieben

Kartoffeln in reichlich Wasser kochen.

In der Zwischenzeit Topfen, Joghurt und Sauerrahm in einer Schüssel gut verrühren. Kürbiskerne fein hacken und mit Senf und gehackten Kräutern unterrühren. Mit Salz und Pfeffer abschmecken.

Gekochte Kartoffeln schälen (Bio-Kartoffeln können auch ungeschält verwendet werden), halbieren, mit etwas Muskat bestreuen und mit dem Kräutertopfen anrichten.

Küchentipp

Wenn Sie am Arbeitsplatz über eine Herdplatte oder einen Dampfgarer verfügen, ist es ideal, die Kartoffeln frisch zu kochen und nur den Kräutertopfen von zu Hause mitzunehmen. Diesen vor dem Servieren nochmals kurz durchrühren, damit ausgetretene Flüssigkeit wieder gut verteilt wird. Kräuter-Kartoffeln schmecken auch kalt. Als Beilage passen am besten Salat oder (gedünstetes) Gemüse.

Rote-Rüben-Salat mit Forelle

2 Rote Rüben (vorgekocht)
1 Handvoll Rucola oder Vogerlsalat
2 EL Rapsöl
2 EL Rotweinessig
Pfeffer aus der Mühle
1 Prise Kümmel, gemahlen
Salz
200 g Räucherforelle
2 EL Kren, frisch gerieben

Die gekochten Roten Rüben schälen und in kleine Würfel schneiden oder mit der Gemüsereibe grob raspeln. Rucola waschen und in mundgerechte Stücke schneiden. Rucola mit den Roten Rüben vermischen und in einer Schüssel oder auf einem Teller anrichten.

Aus Rapsöl, Essig, Pfeffer, Kümmel und Salz eine Marinade zubereiten und den Salat damit übergießen.

Von der Räucherforelle die Haut abziehen, die Forellenfilets in Stücke schneiden und auf dem Salat verteilen. Mit Kren garnieren.

Küchentipp

Die vorgekochten Roten Rüben im Kühlregal sind für diesen schnellen Salat sehr praktisch. Alternativ kann auch ein Rote-Rüben-Salat aus dem Glas verwendet werden. In Kombination mit dem Fisch und ergänzt mit 1–2 Scheiben Vollkornbrot ist das ein sehr hochwertiges Mittagessen, das für gute Konzentration am Nachmittag sorgt.

Thunfisch-Nudel-Salat

150 g Teigwaren
(z. B. Penne, Spiralen)
1 grüner Paprika
3 Tomaten
1 Frühlingszwiebel
2 Dosen Thunfisch, naturell
250 ml Joghurt
1 TL Dijonsenf
1 EL Tomatenmark
Salz
Pfeffer aus der Mühle
1 Bund Schnittlauch

Teigwaren in reichlich Salzwasser bissfest kochen, abseihen, mit kaltem Wasser abschrecken und abtropfen lassen.

Paprika waschen, Kerngehäuse entfernen und in kleine Würfel schneiden. Tomaten waschen und ebenfalls würfeln. Frühlingszwiebel putzen und fein hacken bzw. den grünen Teil in dünne Ringe schneiden.

In einer großen Schüssel die Teigwaren mit dem Gemüse vermischen. Thunfisch abtropfen lassen und mit Joghurt, Senf, Tomatenmark, Salz und Pfeffer zur Gemüsemischung geben. Alles gut vermischen. Schnittlauch waschen und in Röllchen schneiden. Den Salat damit bestreuen.

Variante für Nudelsalat

150 g Teigwaren, 200 g Radicchio in feinen Streifen, 100 g Walnüsse

Dressing: Saft einer Orange, 1/2 Bund fein gehackte Petersilie, 1 gepresste Knoblauchzehe, 3 EL Olivenöl, 2 EL weißer Balsamico-Essig, Salz und Pfeffer

Fenchel-Orangen-Salat mit Makrele

1 Fenchelknolle
1 roter Paprika
1 Knoblauchzehe
3 EL Olivenöl
Salz
Pfeffer aus der Mühle
2 Orangen
2 EL weißer Balsamico-Essig
200 g Pfeffer-Makrelenfilet

Fenchel waschen, äußere Blätter entfernen und das Fenchelgrün beiseite legen. Den Fenchel dann halbieren und längs in feine Scheiben schneiden. Paprika waschen, Kerngehäuse entfernen und in Würfel schneiden. Knoblauchzehe schälen und fein hacken. 1 EL Olivenöl in einer Pfanne erhitzen. Knoblauch und Paprikawürfel anbraten und dann den Fenchel dazugeben. Mit Salz und Pfeffer würzen und zugedeckt 5–7 Minuten dünsten. Inzwischen die Orangen schälen und daraus die Filets herausschneiden. Den Saft dabei auffangen.

Das Fenchelgemüse in eine Schüssel geben, kurz überkühlen lassen und mit dem Orangensaft und den Orangenfilets vermischen. Restliches Olivenöl und Balsamico-Essig dazugeben. Makrelenfilet von der Haut abziehen, schräg in Stücke schneiden und auf dem Salat anrichten. Mit Brot oder Gebäck servieren.

Makrelen

Die Seefische Makrele, Sardine und Thunfisch sind besonders hochwertige Omega-3-Fettsäure-Lieferanten. Makrelen sind zwar fett, aber es ist gesundes Fett. Omega-3-Fettsäuren sind sogenannte mehrfach ungesättigte Fettsäuren, die der menschliche Körper nicht selbst bilden kann. Eine regelmäßige Zufuhr wirkt vorbeugend gegen Herz- und Kreislauf-Erkrankungen sowie Arteriosklerose.

Spargel mit Masala-Huhn

250 g Hühnerbrustfilet
100 ml Naturjoghurt
2 EL Garam Masala
300 g grüner Spargel
1 EL Olivenöl
Saft einer halben Zitrone
Salz
Pfeffer aus der Mühle

Backofen auf 200 °C vorheizen. Backblech mit Backpapier auslegen. Hühnerbrustfilet waschen, trocken tupfen und in kleine Stücke schneiden. Joghurt mit Garam Masala vermischen und die Hühnerstücke in einer Schüssel darin marinieren. Die Hühnerstücke auf das Backblech legen und im Backofen 20–25 Minuten backen.

In der Zwischenzeit den Spargel waschen und die Enden abschneiden. Olivenöl in einer beschichteten Pfanne erhitzen und den Spargel bei mittlerer Hitze 7–10 Minuten braten, mehrmals wenden. Spargel mit Zitronensaft, Salz und Pfeffer würzen und auskühlen lassen.

Zum Mitnehmen den Spargel ausgekühlt in eine Frischhaltedose geben, mit dem Bratensaft marinieren und die ausgekühlten Hühnerstücke darauf verteilen.

Garam Masala

Garam Masala ist eine indische Gewürzmischung aus gemahlenen Gewürzen wie Kardamom, Zimt, Gewürznelken, schwarzem Pfeffer und Kreuzkümmel. Nahezu jede indische Familie hat ihr eigenes Rezept. Schärfe wird durch die Zugabe von Chili erreicht, auch die Zugabe von Koriandersamen oder Safran ist möglich. Im Handel gibt es fertige Mischungen, die meist eine tabakbraune Farbe haben und wegen des starken Aromas vor allem für Fleischgerichte verwendet werden.

Nudelauflauf mit Lachs

100 g Teigwaren
(z. B. Penne, Hörnchen)
1 kleine Zucchini
1 roter Paprika
1 Zwiebel
1 EL Olivenöl
150 g Lachsfilet (ohne Haut)
2 Eier
100 ml Sauerrahm
Salz
Pfeffer aus der Mühle
1 Bund Basilikum

Teigwaren in Salzwasser bissfest kochen, abseihen, mit kaltem Wasser abschrecken und abtropfen lassen.

Backofen auf 180 °C vorheizen. Zucchini waschen und in kleine Würfel schneiden. Paprika waschen, Kerngehäuse entfernen und ebenfalls würfeln. Zwiebel fein hacken. Olivenöl in einer Pfanne erhitzen, Zwiebelwürfel andünsten. Gemüse dazugeben und kurz dünsten.

Lachs in Würfel schneiden. In einer Schüssel die Teigwaren mit dem Gemüse und den Lachswürfeln gut vermischen. Eier mit Sauerrahm verquirlen, mit Salz und Pfeffer abschmecken. Basilikum fein hacken und mit der Ei-Sauerrahm-Mischung zu den Teigwaren mit Lachs und Gemüse geben. Alles gut vermischen und in eine Auflaufform geben. Im Backofen 30–35 Minuten knusprig überbacken.

Küchentipp

Der Auflauf ist gut zum Mitnehmen geeignet. Wenn möglich am Arbeitsplatz aufwärmen, er schmeckt aber auch kalt bzw. zimmerwarm sehr gut. Dazu Blattsalat servieren.

Mariniertes Gemüse mit Halloumi

2 Knoblauchzehen
150 ml Wasser
1 Zimtstange
Pfeffer aus der Mühle
Salz
Saft einer Zitrone
1 Prise Paprikapulver, edelsüß
200 g Champignons
100 g Babyspinat
200 g Karotten
4 EL Olivenöl
200 g Halloumi-Käse

Knoblauch schälen und in Scheiben schneiden. In einem großen Topf das Wasser mit Zimtstange, Knoblauch, Pfeffer, Salz, Zitronensaft und Paprikapulver aufkochen. 5 Minuten leicht köcheln lassen. Inzwischen die Champignons putzen, bei Bedarf halbieren. Karotten putzen und in Scheiben schneiden. Karotten in der Marinade etwa 5 Minuten dünsten, dann die Champignons dazugeben und ebenfalls einige Minuten dünsten. Das Gemüse mit der Marinade in eine Salatschüssel füllen, abkühlen lassen, 2 EL Olivenöl dazugeben und idealerweise über Nacht im Kühlschrank durchziehen lassen.

Halloumi in Scheiben schneiden und in einer beschichteten Pfanne im restlichen Olivenöl knusprig anbraten. Babyspinat waschen und auf zwei tiefe Teller verteilen. Gemüse aus der Marinade nehmen, auf dem Spinat verteilen und mit Halloumi-Scheiben anrichten.

Halloumi

Halloumi wird gerne in der mediterranen Küche verwendet und besteht aus einer Mischung von Kuh-, Ziegen- und Schafsmilch oder aus 100 % Schafs- oder Ziegenmilch. Er gilt als Spezialität Zyperns, wo er seit über 2 000 Jahren hergestellt wird. Anders als die meisten anderen Käse behält er seine Form, wenn er erhitzt wird. Halloumi ist in den meisten Supermärkten erhältlich.

Zitronenpute mit Antipasti

4 Portionen

600 g Putenbrust
2 EL Rapsöl
Pfeffer aus der Mühle
Salz
2 Zucchini
2 Fenchelknollen
2 EL Olivenöl
1 TL Basilikum
1 roter Paprika
2 Zitronen (unbehandelt)

Putenbrust waschen und trocken tupfen. Rapsöl in einem großen Topf erhitzen und die Putenbrust bei großer Hitze von allen Seiten kräftig anbraten. Mit Pfeffer und Salz würzen. Dann auf mittlere Hitze zurückdrehen und die Putenbrust 40–45 Minuten fertig braten. Backofen auf 200 °C vorheizen.

In der Zwischenzeit Zucchini und Fenchel waschen. Zucchini in Scheiben schneiden. Fenchel vierteln, den Strunk entfernen und blättrig schneiden. Das Gemüse in eine Auflaufform geben und mit Olivenöl, Basilikum, Pfeffer und Salz würzen und vermischen. Im Backofen 25–30 Minuten garen.

Die fertige Putenbrust aus dem Topf nehmen und auf einem Brett auskühlen lassen. Den Bratrückstand mit 50 ml Wasser aufgießen und gut verrühren. Putenbrust dann in dünne Scheiben schneiden und in eine Frischhaltedose legen. Saft einer Zitrone auspressen, mit dem Bratensaft verrühren und über die Putenscheiben gießen. Die zweite Zitrone in dünne Scheiben schneiden und zwischen die Putenscheiben legen. Paprika waschen, Kerngehäuse entfernen, in kleine Würfel schneiden und auf der Putenbrust verteilen. Zugedeckt im Kühlschrank, am besten über Nacht, durchziehen lassen.

Das Antipasti-Gemüse ebenfalls ausgekühlt in eine Dose oder in ein Glas geben und im Kühlschrank aufbewahren.

Eier-Gemüse-Salat

2 Stangen Sellerie
6 Radieschen
4 Eier, hart gekocht
1 Frühlingszwiebel
10 grüne Oliven
Pfeffer aus der Mühle
1 EL scharfer Senf
1 Becher Kresse
2 Handvoll Rucola- oder Vogerlsalat
Salz
2 EL Naturjoghurt, 3,5 %
1/2 Bund Petersilie

Selleriestangen waschen, die Enden abschneiden und in dünne Scheiben schneiden. Radieschen waschen, putzen und in feine Scheiben schneiden.

Eier schälen und fein hacken. Frühlingszwiebel waschen und den grünen Teil in schmale Ringe schneiden, den weißen Teil fein hacken. Oliven entkernen und fein hacken.

In einer Schüssel die Eier mit den Zwiebeln, Radieschen, Oliven und Sellerie vermengen. Mit Pfeffer, Senf, Salz und Joghurt eine Marinade zubereiten und alles gut vermischen. Petersilie fein hacken, Kresse abschneiden und zum Eiersalat geben. Nochmals gut durchrühren und auf dem gewaschenen Rucola- oder Vogerlsalat anrichten.

Küchentipp

Dieser Salat schmeckt auch köstlich mit frischen Frühlingskräutern statt der Kresse, wie z. B. Löwenzahn, Brennnesselspitzen, Bärlauch, Minze oder Melisse. Mit Roggenbrot oder gekochten Kartoffeln servieren.

Reissalat mit Huhn und Avocado

1 Tasse Basmati-Reis
2 Tassen Wasser
Salz
100 g grüne Erbsen
2 Hühnerfilets (ca. 250 g)
1 EL rosa Pfefferbeeren
6 Wacholderbeeren
1 EL Butter
1 weiche Avocado
1 roter Paprika
1 Zitrone
2 EL Sonnenblumenöl
3 EL Weißweinessig
1/2 Bund Petersilie

Basmati-Reis mit der doppelten Menge Wasser aufkochen. Salzen, Erbsen zugeben und zugedeckt bei mittlerer Hitze für etwa 15 Minuten weich kochen.

Die Hühnerfilets waschen, trocken tupfen und von allen Sehnen befreien. Rosa Pfefferbeeren und Wacholderbeeren auf einem Brett mit dem Rücken eines großen Messers zerquetschen und mit Salz vermischen. Die Hühnerfilets mit der Gewürzmischung einreiben. Butter in einer Pfanne erhitzen und die Filets bei mittlerer Hitze etwa 7 Minuten braten, wenden und nochmals 5 Minuten braten. Das Fleisch etwas abkühlen lassen. Paprika waschen, Kerngehäuse entfernen und in kleine Würfel schneiden. Die Paprikawürfel zum gekochten Reis geben und alles auskühlen lassen.

Avocado schälen und in kleine Stücke schneiden. Zitrone schälen und Filets herausschneiden, den Saft dabei auffangen und auf die Avocado träufeln. Petersilie waschen und fein hacken.

In einer Schüssel den Reis mit dem Gemüse, den Zitronenfilets und der Petersilie vorsichtig vermengen. Mit Salz und Pfeffer abschmecken. Sonnenblumenöl und Weißweinessig untermischen. Die Hühnerfilets in Scheiben schneiden und auf dem Salat anrichten.

Couscous im Salatblatt

100 g Couscous
250–300 ml Wasser
oder Gemüsebrühe
10 Cocktailtomaten
1 Frühlingszwiebel
1/2 roter Paprika
60 g Walnüsse
1 Bund Petersilie
2 EL Olivenöl
Saft einer Zitrone
Pfeffer aus der Mühle
Salz
2 Salatherzen

Wasser oder Gemüsebrühe erhitzen. Couscous in einer Schüssel mit dem kochenden Wasser bzw. der Gemüsebrühe übergießen und 3–5 Minuten quellen lassen. Immer wieder mit einer Gabel auflockern.

In der Zwischenzeit die Cocktailtomaten waschen und halbieren. Frühlingszwiebel waschen, putzen, den grünen Teil in dünne Ringe schneiden, den weißen Teil fein hacken. Paprika waschen, Kerne entfernen und in kleine Würfel schneiden. Walnüsse grob hacken und mit dem Gemüse zum noch warmen Couscous geben und gut durchrühren. Etwas auskühlen lassen.

Petersilie waschen und fein hacken. Aus Olivenöl, Zitronensaft, Pfeffer, Salz und gehackter Petersilie eine Marinade bereiten und mit dem Salat gut vermischen. Couscous-Salat in den Salatherzen anrichten.

Couscous

Couscous ist eine wunderbare Zutat für die schnelle Küche. Er wird aus Weizen hergestellt und ist bereits vorgedämpft. Dadurch ist kein weiteres Kochen erforderlich.

Bürosuppe

1 Portion

1 Karotte
1 Selleriestange
50 g Lauch
1/2 TL Ingwer, gerieben
1 TL Instant-Gemüsebrühe
1 Prise Muskatnuss, gemahlen oder Kurkumapulver
100 g gekochtes Hühnerfleisch, kalter Braten oder Tofu
250–300 ml Wasser

Karotte, Sellerie und Lauch waschen, putzen und in feine Ringe schneiden. Das Gemüse mit Ingwer, Gemüsebrühe, Muskat oder Kurkumapulver vermischen und in ein Transportgefäß (Frischhaltedose, Gefrierbeutel oder Schraubglas) geben. Hühnerfleisch, Braten oder Tofu separat einpacken.

Am Arbeitsplatz dann im Wasserkocher die entsprechende Menge Wasser erhitzen. Hühnerfleisch, Braten oder Tofu in kleine Würfel schneiden und mit dem Gemüse in eine Schüssel geben, mit kochendem Wasser übergießen, gut durchrühren und 2–3 Minuten ziehen lassen.

Küchentipp

Statt Instant-Gemüsebrühe können Sie auch Miso verwenden. Bei der Gemüseauswahl können Sie saisonal variieren, gut schmecken in der Suppe auch Erbsen, Zucchini, Pilze, Knollensellerie, Frühlingszwiebeln, Babyspinat oder grüner Spargel. Das Gemüse bleibt bei dieser Zubereitungsart knackig frisch. Wenn Sie es bekömmlicher möchten, dann das Gemüse vorher kurz dünsten.

Glasnudelsalat mit Schafkäse

(Rezeptfoto auf Seite 30)

100 g Glasnudeln
150 g Schafkäse
100 g Rucola
10 Cocktailtomaten
1 Frühlingszwiebel
Saft einer halben Zitrone
1 Chilischote, fein gehackt
1 TL Ingwer, fein gehackt
3 EL Kürbiskernöl
3 EL Apfelessig
Pinienkerne zum Garnieren

Wasser aufkochen und die Glasnudeln 2–3 Minuten weich kochen. Glasnudeln dann abgießen und mit kaltem Wasser abschrecken.

Die Glasnudeln in eine Schüssel geben und den Schafkäse mit den Fingern darüberbröseln oder klein schneiden. Rucola und Tomaten waschen, in mundgerechte Stücke schneiden und ebenfalls in die Schüssel geben.

Frühlingszwiebel waschen, den weißen Teil fein hacken und den grünen Teil in Ringe schneiden. Zitronensaft, gehackte Chili, Ingwer, Kürbiskernöl und Essig zugeben und alles gut durchmischen. Eventuell mit Salz und Pfeffer abschmecken. Mit Pinienkernen bestreuen.

Küchentipp

Glasnudeln oder vorgegarte Wok-Nudeln gibt es inzwischen in jedem Supermarkt. Diese Nudeln müssen nicht wirklich gekocht werden. Es reicht auch ein kurzes Einweichen in kochendem Wasser, das beispielsweise mit dem Wasserkocher erhitzt werden kann. So kann auch ohne Küche ein Glasnudelsalat zubereitet werden. Einfach die Nudeln in kochendem Wasser in der Schüssel ziehen lassen, dann abgießen und mit den weiteren Zutaten verfeinern.

Fingerfood

Rotkraut-Walnuss-Ecken

- 1 kleine Zwiebel
- 300 g Rotkraut
- 1 EL Rapsöl
- 2 Gewürznelken
- Pfeffer aus der Mühle
- Salz
- 100 g Walnüsse, gehackt
- 1 Strudelteig aus dem Kühlregal
- 1 Eidotter

Zwiebel schälen und fein hacken. Rotkraut waschen und fein schneiden. Rapsöl in einer Pfanne erhitzen, Zwiebel darin andünsten und dann das Rotkraut mit den Gewürznelken zugeben. Mit Pfeffer und Salz abschmecken und zugedeck-tetwa 10 Minuten weich dünsten. Rotkraut vom Herd nehmen, Walnüsse einrühren und etwas auskühlen lassen.

Backofen auf 180 °C vorheizen.

Den Strudelteig auf einem feuchten Küchentuch ausbreiten und in Quadrate von 10 x 10 cm schneiden. In die Mitte jeweils 1 EL Rotkrautfülle setzen, Flüssigkeit vorher gut ausdrücken. Die Teigränder mit Eidotter bepinseln, zu einem Dreieck zusammenklappen und gut andrücken. Ein Backblech mit Backpapier auslegen, die Ecken darauf verteilen und mit dem restlichen Eidotter einpinseln. In 15–20 Minuten goldgelb backen.

Küchentipp

Besonders schnell geht es mit fertigem Rotkraut – entweder tiefgekühlt oder aus dem Glas. Dazu das fertige Rotkraut mit den Walnüssen vermengen und wie im Rezept angegeben fortfahren.

Gefüllte Zucchini

1 Zucchini (ca. 500 g)
1 Zwiebel
2 Knoblauchzehen
250 g Rindsfaschiertes
Pfeffer aus der Mühle
Salz
1 EL Senf
2 EL Kapern
1/2 Bund Petersilie

Backofen auf 200 °C vorheizen. Zucchini waschen, Enden abschneiden und in etwa 2 cm lange Stücke schneiden. Mit einem Messer die Zucchinistücke in der Mitte aushöhlen und einen Teil des Fruchtfleisches (etwa die Hälfte) in kleine Würfel schneiden.

Zwiebel und Knoblauch schälen und fein hacken. Petersilie waschen und fein hacken. Das Faschierte mit den Zucchini-, Zwiebel- und Knoblauchwürfeln, Pfeffer, Senf, Salz, Kapern und Petersilie gut verkneten.

Die Zucchiniringe damit füllen und aufrecht in eine Auflaufform setzen. Im Backofen 30–35 Minuten garen.

Küchentipp

Besonders aromatisch werden die gefüllten Zucchini bei einer Zubereitung im Dampfgarer.

Kartoffelrösti

8 Stück

500 g Kartoffeln
250 g Blattspinat, blanchiert
1 Knoblauchzehe
2 Eier
5 EL Dinkelmehl
Pfeffer aus der Mühle
Salz
1 Prise Muskatnuss, frisch gerieben
100 g Emmentaler, gerieben

Backofen auf 180 °C vorheizen. Ein Backblech mit Backpapier auslegen.

Kartoffeln schälen und grob reiben. Blattspinat gut ausdrücken und fein hacken. Knoblauchzehe schälen und fein hacken.

In einer Schüssel die ausgedrückten Kartoffeln mit Blattspinat, Knoblauch, Eiern, Dinkelmehl, Pfeffer, Salz und Muskat gut verrühren.

Mit einem Löffel acht gleichmäßige Häufchen auf das Backblech setzen und mit dem geriebenen Emmentaler bestreuen. Im Backofen 25–30 Minuten knusprig backen.

Fladenbrot-Pizza

1/2 Fladenbrot (ca. 200 g)
1 Knoblauchzehe
2 EL Olivenöl
3 Tomaten
Salz
Pfeffer aus der Mühle
8 Oliven, schwarz
150 g Feta
1 Handvoll Rucola

Backofen auf 220 °C vorheizen. Das halbe Fladenbrot in 2 Teile schneiden und quer halbieren. Knoblauch schälen, fein hacken und auf den 4 Brothälften gleichmäßig verteilen. Mit Olivenöl beträufeln.

Tomaten waschen und in kleine Würfel schneiden. Die Tomatenwürfel gleichmäßig auf den Broten verteilen, salzen und pfeffern. Dann je zwei Oliven auf ein Brot legen und mit den Fingern den Feta darüber zerbröseln.

Die Brote auf ein mit Backpapier ausgelegtes Backblech legen und 12–15 Minuten knusprig backen.

Zum Schluss den Rucola waschen, auf den Fladenbroten verteilen und weitere 5 Minuten backen.

Küchentipp

Das Fladenbrot kann auch mit Knoblauch, Birnenscheiben, Lauchringen und Blauschimmelkäse oder Camembert belegt und überbacken werden. Die Fladenbrot-Pizza am besten in Frischhalte- oder Alufolie einwickeln oder in eine Frischhaltebox mit Deckel für den Transport geben.

Chili-Orangen-Grillhuhn

400 g Hühnerteile
(Flügel, Keulen, Brust)
1 Chilischote
1 Knoblauchzehe
2 Orangen
Salz
Pfeffer aus der Mühle
1 EL Rapsöl

Vorbereitung: Hühnerteile waschen, trocken tupfen und in eine Schüssel geben. Chili und Knoblauch fein hacken. Orangen auspressen. Den Orangensaft mit gehackter Chili, Knoblauch, Salz, Pfeffer und Rapsöl verrühren. Die Hühnerteile mit der Marinade einreiben und zugedeckt im Kühlschrank mindestens eine Stunde durchziehen lassen.

Backofen auf 180 °C vorheizen. Die Hühnerstücke auf ein mit Backpapier ausgelegtes Backblech legen und mit der Marinade gut bestreichen.

Huhn im Backofen 25–30 Minuten braten, zum Schluss 3–5 Minuten auf 220 °C aufheizen, damit eine knusprige Haut entsteht.

Thai-Variante

Hühnerkeulen mit einer Mischung aus 2 gepressten Knoblauchzehen, Saft und geriebener Schale einer Limette, 2 EL gehacktem Koriandergrün, 1 klein gehackten roten Zwiebel, 3 EL Sojasoße, 1 EL Honig, Pfeffer und Salz marinieren und dann im Backofen bei 220 °C 25 Minuten backen.

Gefüllte Tomaten

250–300 ml Gemüsebrühe
100 g Couscous
4 Tomaten
3 EL Olivenöl
4 EL weißer Balsamico-Essig
Pfeffer aus der Mühle
Salz

Gemüsebrühe aufkochen und Couscous in einer Schüssel damit übergießen. Mit einer Gabel hin und wieder auflockern und Couscous 5–10 Minuten quellen lassen.

Inzwischen die Tomaten waschen, am oberen Teil etwa 1 cm abschneiden und mit einem kleinen Löffel aushöhlen. Das Tomatenfleisch fein würfeln und zum Couscous geben. Mit Olivenöl, Essig, Salz und Pfeffer abschmecken.

Die Fülle in die Tomaten geben.

Küchentipp

Die Tomaten können auch im Backofen kurz überbacken werden. Dazu bei 220 °C auf einem Backblech 5–10 Minuten auf Grillstufe gratinieren.

Getreidebratlinge

100 g Dinkelreis, Hirse, Reis oder Buchweizen
1/2 Sellerieknolle
2 Karotten
2 EL Sesamsamen
2 Eier
1 EL Sauerrahm
Salz
Pfeffer aus der Mühle

Das Getreide im Verhältnis 1 : 2 in Salzwasser oder Gemüsebrühe aufkochen und dann zugedeckt bei mittlerer Hitze etwa 10 Minuten quellen lassen.

Sellerie und Karotten waschen, schälen und in kleine Würfel schneiden oder grob raspeln. Das Gemüse zum Getreide geben und weitere 10 Minuten dünsten. Die Gemüse-Getreide-Mischung etwas auskühlen lassen und dann mit Sesam, Eiern, Sauerrahm, Salz und Pfeffer verrühren.

Backofen auf 200 °C vorheizen. Backblech mit Backpapier auslegen. Mit feuchten Händen Bratlinge formen, auf das Backblech legen und 20–30 Minuten knusprig backen. Dabei einmal wenden.

Variante Zucchini-Laibchen

500 g Kartoffeln schälen, fein raspeln und gut ausdrücken. 500 g Zucchini ebenfalls fein raspeln und mit den Kartoffeln, 1 Ei, 2 EL Kartoffelstärke, 100 g Dinkelmehl, Pfeffer, Salz, 1 TL getrocknetem Thymian und 4 EL geriebenem Parmesan gut vermischen. Mit feuchten Händen Laibchen formen, in Sesamsamen wälzen und knusprig braten.

Paprika-Muffins

10 Stück

150 g roter Paprika
2 EL Rapsöl
1 Zwiebel
1 Knoblauchzehe
1 TL Schwarzkümmel, ganz
Pfeffer aus der Mühle
250 g Linsen- oder Kichererbsenmehl
1/2 TL Salz
300 ml Mineralwasser mit Kohlensäure
1 TL Backpulver
1/2 TL Kurkumapulver

Backofen auf 180 °C vorheizen. Eine Muffinform einfetten oder auf ein Backblech Muffinförmchen stellen, diese ebenfalls mit etwas Öl einpinseln. Paprika waschen, Kerne entfernen und in kleine Würfel schneiden. Zwiebel und Knoblauchzehe schälen und sehr fein hacken. In einer Schüssel das Gemüse mit Rapsöl, Schwarzkümmel, Pfeffer, Mehl und Salz gut vermischen. Mineralwasser nach und nach zugeben und den Teig mit dem Handrührgerät gut durchrühren. Backpulver und Kurkumapulver zugeben. Teig in die Förmchen füllen und im Backofen 25–30 Minuten backen.

Paprika

Reife Paprika sind farbenfroh und sehr vitaminreich: Schon ein halber Paprika deckt den Vitamin-C-Bedarf für einen ganzen Tag. Roter Paprika liefert außerdem den Tagesbedarf an Betacarotin. Aus Betacarotin kann unser Stoffwechsel Vitamin A – wichtig für gute Augen, gesunde Haut und eine intakte Immunabwehr – selbst herstellen, allerdings nur dann, wenn wir gleichzeitig ein wenig Fett essen. Rote Paprika enthalten den Wirkstoff Lycopin, das in wissenschaftlichen Studien in der Krebs-Prophylaxe von sich reden macht. Gelbe Paprika enthalten zusätzlich den Inhaltsstoff Rutin, der den Alterungsprozess verlangsamen hilft.

Thunfisch-Mais-Schnecken

1 Zwiebel
1 Dose Thunfisch, naturell
1 Dose Maiskörner
1 EL Currypulver
100 ml Sauerrahm
Pfeffer aus der Mühle
Salz
3 EL Sesamsamen
1 Blätterteig aus dem Kühlregal

Backofen auf 180 °C vorheizen. Ein Backblech mit Backpapier auslegen.

Zwiebel schälen und fein hacken. In einer Schüssel die Zwiebel mit dem abgetropften Thunfisch und Mais gut vermischen. Mit Currypulver, Sauerrahm, Pfeffer und Salz abschmecken.

Blätterteig ausrollen und die Fülle von der Mitte aus gleichmäßig bis zu den Rändern verteilen. Den Teig dann eng zu einer Rolle aufrollen und mit einem scharfen Messer etwa 1 cm große Scheiben abschneiden. Die Schnecken auf das Backblech legen und mit Sesam bestreuen.

25–30 Minuten knusprig backen.

Küchentipp

Blätterteigschnecken können mit ganz verschiedenen Füllungen zubereitet werden, z. B. mit Blauschimmelkäse und Birnen, Schafkäse und Blattspinat oder Tomatenwürfeln und Mozzarella.

Sauerkraut-Kartoffel-Frikadellen

500 g Kartoffeln, gekocht
oder Kartoffelpüree
1 Zwiebel
2 Eier
Pfeffer aus der Mühle
Salz
1 Prise Muskatnuss,
frisch gerieben
1 TL Oregano, getrocknet
3 EL Parmesan, gerieben
3 EL Semmelbrösel
250 g Sauerkraut
Rapsöl zum Braten

Kartoffeln durch die Kartoffelpresse drücken und in eine Schüssel geben. Die Zwiebel schälen, fein hacken und mit Eiern, Pfeffer, Salz, Muskatnuss, Oregano, Parmesan und Bröseln zu den Kartoffeln geben.

Das abgetropfte Sauerkraut mit den Fingern zerteilen und ebenfalls gut untermischen.

Rapsöl in einer beschichteten Pfanne erhitzen. Mit feuchten Händen Frikadellen aus der Masse formen und auf jeder Seite 3–5 Minuten goldgelb braten.

Sauergemüse

Das Konservieren mit Säure wird seit Jahrtausenden praktiziert. Vor allem die Asiaten setzen zu den meisten Mahlzeiten auf eine Beilage mit essigsauer eingelegtem oder milchsauer vergorenem Gemüse. Bei fettreichen und gehaltvollen Speisen helfen sauer eingelegte Gemüse durch die enthaltenen Enzyme und Milchsäurebakterien der Verdauung auf die Sprünge. Nutzen Sie das Angebot an fertigem Sauergemüse wie Essiggurken, Senfgurken oder Sauerkraut.

Polenta-Spieße

(Rezeptfoto auf Seite 54)

12 Stück

500 ml Gemüsebrühe
150 g Polenta
Pfeffer aus der Mühle
Salz
1 Prise Muskatnuss, frisch gerieben
1 kleine Zucchini
1 kleine Melanzani
1 Knoblauchzehe
3 EL Balsamico-Essig
2 EL Olivenöl
200 g Feta oder Ziegenkäse-Bällchen
1/2 Bund Basilikum
12 Oliven
12 Cocktailtomaten
12 Holzspieße

Gemüsebrühe in einem Topf aufkochen und Polenta einrühren. Mit Pfeffer, Salz und Muskat abschmecken und die Polenta unter Rühren 4–5 Minuten kochen lassen. Zugedeckt vom Herd nehmen und weitere 5 Minuten ausquellen lassen. Ein Backblech mit Backpapier auslegen, die Polenta darauf gleichmäßig verteilen und auskühlen lassen.

Backofen auf 220 °C Grillstufe vorheizen. Backblech mit Backpapier auslegen.

In der Zwischenzeit Zucchini und Melanzani waschen und in etwa 1 cm dicke Scheiben schneiden. Das Gemüse auf das Backblech legen und im Backofen kurz grillen, bis es leicht Farbe bekommt. Knoblauchzehe schälen und pressen. In einer Schüssel eine Marinade aus Balsamico-Essig, Olivenöl, Knoblauch, Pfeffer und Salz bereiten. Das gegrillte Gemüse damit vermischen. Basilikumblätter von den Stielen zupfen.

Die ausgekühlte Polenta in ca. 24 kleine Rechtecke schneiden. Auf die Holzspieße abwechselnd Käse, Oliven, Gemüse, Basilikumblätter und Tomaten aufspießen, mit Polenta abschließen.

Die Spieße in ein Transportgefäß legen und kühl stellen.

Fleischbällchen mit Tomatensoße

24 Stück

500 g Rindsfaschiertes
2 Eier
40 g Semmelbrösel
2 Knoblauchzehen
Pfeffer aus der Mühle
Salz
1 EL Fünf-Gewürz
2 Dosen gehackte Tomaten (Füllgewicht je 400 g)
2 Zwiebeln
Pfeffer aus der Mühle
Salz
1 Prise Kurkumapulver

Backofen auf 180 °C vorheizen. Ein Backblech mit Backpapier auslegen. Knoblauch schälen und fein hacken. Das Faschierte in einer Schüssel mit Eiern, Brösel, Knoblauch, Pfeffer, Salz und Fünf-Gewürz gut vermischen. Mit feuchten Händen aus der Masse kleine Bällchen formen und auf das Backblech legen. Im Backofen 35 Minuten knusprig backen.

In der Zwischenzeit Zwiebeln schälen und die Tomatenstücke mit den Zwiebeln in einem Topf aufkochen. Mit Pfeffer, Salz und Kurkumapulver abschmecken und die Soße 10–15 Minuten einkochen lassen. Die Tomatensoße entweder separat verpacken und die Fleischbällchen beim Verzehr darin eintunken. Alternativ können Sie die Fleischbällchen auch mit der Soße gemeinsam z. B. in ein Schraubglas verpacken, zum Essen dann am besten Zahnstocher oder Spießchen verwenden.

Fünf-Gewürz

Fünf-Gewürz-Pulver ist ein aromatisches, chinesisches Gewürzpulver, das nach einem alten Rezept aus Sternanis, Kassiarinde (Zimt), Sichuanpfeffer, Fenchelsamen und Nelken zubereitet wird. Fertige Mischungen erhalten Sie z. B. im Asia-Shop oder Bio-Supermarkt. Fünf-Gewürz passt sehr gut zu Faschiertem, Geflügel, Fleisch und Eintöpfen.

Bohnen-Burger

(Rezeptfoto auf Seite 4)

1 Zwiebel
200 g Gemüsereste (gekocht oder gedünstet)
220 g gekochte Bohnen
3 Sardellenfilets
3 EL Brösel
Pfeffer aus der Mühle
Salz
1 TL Majoran, getrocknet
2 Vollkornbrötchen
2 EL Tomatenmark
Kresse oder Sprossen zum Garnieren
Gemüse zum Garnieren (Gurken-, Tomaten-, Selleriescheiben)

Backofen auf 180 °C vorheizen, Backblech mit Backpapier auslegen.

Zwiebel schälen und fein hacken. Mit dem Stabmixer die Gemüsereste mit Zwiebel, Bohnen und Sardellenfilets zu einem Mus verarbeiten. Mit Brösel binden und mit Pfeffer, Salz und Majoran abschmecken.

Mit feuchten Händen Laibchen formen, diese auf das Backblech setzen und im Backofen etwa 30 Minuten backen.

Die Vollkornbrötchen halbieren und auf der Schnittfläche mit Tomatenmark bestreichen. Auf jede Hälfte ein Bohnenlaibchen legen und mit Gemüse und Sprossen oder Kresse garnieren.

Küchentipp

Für dieses Rezept können Sie Gemüsereste vom Vortag weiterverarbeiten. Geeignet sind gekochte oder gedünstete Gemüse wie z. B. Karotten, Erbsen, Karfiol, Brokkoli, Sellerie oder Zucchini.

Wrap mit Wokgemüse und Huhn

125 g Dinkelmehl
30 g Butter
Salz
100 g Hühnerfilet
1 EL Rapsöl
1 roter Paprika
1 kleine Zucchini
1/2 TL Ingwer, gerieben
1 Prise Chilipulver oder Cayennepfeffer
2 EL Sojasoße

Dinkelmehl, weiche Butter und Salz zu einem glatten Teig verkneten und 10 Minuten rasten lassen. Nochmals gut durchkneten, den Teig in 2 Teile teilen und mit dem Nudelholz Fladen ausrollen. Eine beschichtete Pfanne erhitzen und die Fladen nacheinander beidseitig backen. Das dauert nur 1–2 Minuten.

Hühnerfilet in Streifen schneiden. Rapsöl in einem Wok oder einer Pfanne erhitzen und das Hühnerfleisch bei großer Hitze gut anbraten. Paprika waschen, entkernen und in dünne Streifen schneiden. Zucchini waschen und in dünne Scheiben schneiden. Die Paprikastreifen und Zucchinischeiben zum Huhn geben und ebenfalls scharf anbraten. Mit Ingwer, Chilipulver oder Cayennepfeffer und Salz würzen und einige Minuten gut durchgaren. Mit Sojasoße abschmecken.

Die Wraps mit der Huhn-Gemüsemischung füllen und einrollen oder einklappen. Das untere Ende evtl. in Butterpapier oder in eine Serviette einwickeln.

Küchentipp

Im Supermarkt gibt es bereits fertige (Vollkorn)Wraps, die Sie mit verschiedenen Füllungen für rasche Mahlzeiten verfeinern können.

Putenroulade mit Gemüse

2 kleine Karotten
150 g Zucchini
2 Putenschnitzel à 150 g
2 EL Pesto
Sonnenblumenöl zum Braten
Pfeffer aus der Mühle
Salz

Karotten waschen, putzen und längs in dünne Streifen schneiden. Zucchini waschen und ebenfalls in Streifen schneiden.

Die Putenschnitzel auf einem Brett auflegen und mit Pesto bestreichen. Gemüse quer darauflegen und eng zu einer Roulade aufrollen. Mit einer Rouladenklammer oder mit Zahnstochern fixieren.

Öl in einem Topf oder einer Pfanne erhitzen und die Putenschnitzel auf jeder Seite kräftig anbraten. Mit Pfeffer und Salz würzen und zugedeckt 20–25 Minuten bei mittlerer Hitze garen.

Die Rouladen auskühlen lassen und in Scheiben schneiden. In ein Transportgefäß einpacken und unterwegs mit Vollkornbrot oder Gebäck genießen.

Süße Power

Schoko-Cranberry-Kuchen

12–14 Stück

100 g Bitterschokolade
(mindestens 70 % Kakaoanteil)
250 ml Schlagobers
3 Eier
150 g Zucker
1 Prise Salz
200 g Mehl
50 g getrocknete Cranberrys
oder getrocknete Preiselbeeren

Backofen auf 180 °C vorheizen. Backblech mit Backpapier auslegen.

Schokolade und Schlagobers in eine feuerfeste Schüssel geben und über Wasserdampf schmelzen. Es soll eine cremige, gleichmäßige Masse entstehen. Gelegentlich umrühren und, sobald alles geschmolzen ist, etwas abkühlen lassen.

Eier trennen und Eiklar mit einer Prise Salz zu steifem Schnee schlagen. Die Dotter in einer Schüssel mit Zucker und Salz schaumig rühren. Schokoladencreme, Mehl und Cranberrys zugeben, gut durchrühren und zum Schluss vorsichtig den Eischnee unterheben.

Die Masse gleichmäßig auf das Backblech streichen und den Kuchen 30–35 Minuten backen.

Küchentipp

Der Kuchen ist sehr saftig und schmeckt besonders gut mit geschlagenem Obers oder einer Kugel Vanilleeis.

Knuspriges Reisgebäck

(Rezeptfoto auf Seite 76)

14–16 Stück

500 ml Milch
1 EL Vanillezucker
125 g Rundkornreis
150 g Trockenfrüchte
(z. B. Marillen, Zwetschken, Rosinen)
50 g gekochte Maroni
25 g Cashewkerne
2 Eier
2 EL Kokosflocken

Milch mit Vanillezucker und Rundkornreis aufkochen und zugedeckt auf kleiner Flamme 20 Minuten ausquellen lassen.

Backofen auf 180 °C vorheizen. Backblech mit Backpapier auslegen.

Inzwischen die Trockenfrüchte und Maroni in kleine Würfel schneiden. Den gekochten Reis mit Trockenfrüchten, Maroni, Cashewkernen, Eiern und Kokosflocken gut verrühren. Mit feuchten Händen kleine Bällchen formen und auf das Backblech legen.

Das Reisgebäck im Backofen 30–35 Minuten backen.

Kirsch-Nuss-Kuchen

12–14 Stück

- 4 Eier
- 180 g Butter
- 1 Pkt. Vanillezucker
- 180 g Rohrzucker
- 1 TL Zimtpulver
- 1 EL Kakaopulver
- 1 EL Amaretto
- 1 Prise Salz
- 1 gestrichener TL Backpulver
- 125 g glattes Mehl
- 60 g Walnüsse
- 500 g entkernte Kirschen

Backofen auf 180 °C vorheizen. Backblech mit Backpapier auslegen.

Die Eier trennen. Dotter mit weicher Butter, Vanillezucker und der Hälfte des Rohrzuckers schaumig rühren. Amaretto, Zimt und Kakao untermengen. Kirschen entkernen.

Eiklar mit der zweiten Hälfte des Rohrzuckers und einer Prise Salz zu steifem Schnee schlagen.

Mehl mit Backpulver vermischen und auf die Dottermasse sieben. Abwechselnd mit dem Eischnee unterheben. Abschließend Walnusskerne und Kirschen vorsichtig unterheben.

Die Masse gleichmäßig auf dem Backblech verteilen und auf mittlerer Schiene ca. 50 Minuten backen.

Küchentipp

Wenn es schnell gehen soll bzw. saisonbedingt keine frischen Kirschen erhältlich sein sollten, können Sie auch abgetropftes, fertiges Kirschkompott verwenden.

Cottage Cheese mit Obst

150 g Cottage Cheese (Hüttenkäse)
200 g Beeren (z. B. Heidelbeeren, Himbeeren, Brombeeren, Erdbeeren)
Honig
Melisse zum Garnieren

Cottage Cheese in eine Schüssel geben.

Beeren waschen, abtropfen lassen und auf dem Cottage Cheese verteilen.

Nach Geschmack mit Honig süßen und mit Melisse garnieren.

Cottage Cheese & Ricotta

Statt Hüttenkäse oder Cottage Cheese kann auch Ricotta oder Topfen verwendet werden. All diese Käsesorten sind als rasche Eiweißquellen zwischendurch gut geeignet. Cottage Cheese ist ein Frischkäse, der in Form kleiner, mit Rahm überzogener Kügelchen bekannt ist. Ricotta (aus dem Italienischen wörtlich übersetzt „noch einmal gekocht") hingegen entsteht durch das Erhitzen von Molke auf 90 °C. Er ist quasi ein Hitzefällungsprodukt aus Molkeeiweiß und einer minimalen Menge Molkefetts. Damit ist er fettarm und ernährungsphysiologisch hochwertig.

Gewürzpudding mit Nüssen

1 EL gehackte Nüsse
(z. B. Walnüsse, Haselnüsse)
1 TL Sonnenblumenkerne
250 ml Milch
1 TL Dinkelmehl
3 gestrichene EL Maisstärke
1/2 TL Vanillepulver
1 Prise Zimtpulver
1 Kardamomkapsel
1 TL Rohrzucker

Milch in einem Topf erhitzen. 4 EL von der Milch in einer Tasse mit Dinkelmehl, Maisstärke und Vanillepulver glatt rühren und beiseite stellen. Die Kardamomkapsel, Zimt und Rohrzucker mit der Milch zum Kochen bringen. 2 Puddingformen mit kaltem Wasser ausspülen und bereitstellen.

In die aufkochende Milch zügig mit einem Schneebesen die glatt gerührte Mehlmasse einrühren. Topf vom Herd nehmen und Nüsse und Sonnenblumenkerne einrühren.

Die Puddingmasse in die Puddingformen füllen und 2–3 Stunden im Kühlschrank auskühlen lassen.

Nüsse

Wegen ihres hohen Fettgehalts galten Nüsse lange Zeit als pure Energielieferanten und wurden ernährungsphysiologisch schlecht bewertet. Mittlerweile ist bewiesen, dass Nüsse nachweislich durch ihre mehrfach ungesättigten Fettsäuren den Cholesterinspiegel im Blut senken, den Zuckerwert stabilisieren, die Gefäße unterstützen und das Risiko für Magen- und Prostatakrebs sowie Infarkte reduzieren.

Schokolade-Mandel-Cookies

ca. 20 Stück

100 ml Mandelöl
80 g Staubzucker
1 Ei
1 Prise Salz
1/2 TL Zitronen- oder Orangenschale (unbehandelt)
50 g weiße Schokolade
50 g Mandeln
80 g Dinkelmehl
1/2 TL Backpulver

Mandelöl mit Zucker, Ei, Salz und Zitrusschale gut verrühren. Schokolade und Mandeln grob hacken und mit Mehl und Backpulver zum Mandelöl geben.

Den Teig für etwa 2 Stunden im Kühlschrank rasten lassen.

Backofen auf 180 °C vorheizen. Ein Backblech mit Backpapier auslegen und kleine Teighäufchen daraufsetzen. Die Häufchen flach drücken und die Cookies 15–20 Minuten backen.

Mandelöl

In der orientalischen Küche wird Mandelöl gerne verwendet. Es macht die Cookies besonders saftig und ist reich an einfach ungesättigten Fettsäuren und Vitamin E.

Smoothie

Variante 1
1 Mango
125 g Erdbeeren
2 TL helles Mandelmus
1 TL Tahin (Sesammus)
150–250 ml Wasser

Variante 2
1 Banane
150 g Himbeeren
500 ml Milch
2 EL Mandelmus
1 EL Vanillezucker

Variante 1: Mango schälen und Fruchtfleisch vom Kern trennen, in grobe Stücke schneiden. Erdbeeren waschen, Stielansatz entfernen. Obst zusammen mit Mandel- und Sesammus in einen Standmixer füllen oder mit dem Stabmixer pürieren. Wasser zugeben und mixen, bis eine gleichmäßige Masse entsteht.

Variante 2: Banane schälen und in Stücke schneiden. Bananenstücke und Himbeeren im Standmixer oder mit dem Stabmixer mit Milch, Mandelmus und Vanillezucker pürieren.

Küchentipp

Die Smoothies im Kühlschrank mindestens zwei Stunden kalt stellen und anschließend in eine Thermoskanne für unterwegs füllen.

Relax-Kugeln

200 g Trockenfrüchte
(z. B. Feigen, Datteln, Marillen,
Zwetschken, Rosinen)
50 g Haferflocken
1 TL Kakaopulver
3 EL Honig
50 g Mandeln, gerieben
50 g Sesamsaat

Trockenfrüchte klein hacken und in einer Schüssel mit Haferflocken, Kakaopulver, Honig und geriebenen Mandeln gut vermischen.

Sesam in einer beschichteten Pfanne ohne Fett anrösten. Aus der Masse mit feuchten Händen kleine Kugeln formen und in Sesam wälzen.

Auf einem Brett trocknen lassen und kühl lagern.

Küchentipp

Im Kühlschrank sind die Relax-Kugeln bis zu einer Woche haltbar.

Nuss-Granola mit Goji-Beeren

8 Portionen

- 80 g Walnüsse
- 80 g Mandeln
- 8 EL Sesamsamen
- 1 TL Zimtpulver
- 2 EL Zucker
- 120 g Haferflocken
- 1 EL Ingwer, gerieben
- 80 g Goji-Beeren, getrocknet
- 1 TL Kakaopulver

Walnüsse und Mandeln grob hacken. Eine beschichtete Pfanne erhitzen und Walnüsse und Mandeln mit den Haferflocken 4–5 Minuten bei mittlerer Hitze rösten, bis sie Farbe annehmen. Sesam, Zimtpulver, Zucker, geriebenen Ingwer, Salz, Goji-Beeren und Kakaopulver dazugeben und nochmals unter ständigem Rühren 2–3 Minuten rösten, bis der Zucker geschmolzen ist. Die Mischung auf einem mit Backpapier ausgelegten Backblech verteilen und auskühlen lassen. Die ausgekühlte Mischung kann in einem luftdicht verschlossenen Behälter bis zu einer Woche aufbewahrt werden. Mit Obst, Kompott, Fruchtmus, (Soja)Milch oder Naturjoghurt anrichten.

Goji-Beeren

In Zentralasien gilt die Goji-Beere (lat. *fructus lycii* oder Bocksdornfrucht) als Frucht des Wohlbefindens und der Langlebigkeit. Sie sieht in der bei uns erhältlichen Form aus wie eine kleine rote Rosine und schmeckt wie eine Mischung aus Cranberry und Kirsche. In der TCM werden Goji-Beeren therapeutisch zum Blutaufbau und zur Kräftigung eingesetzt. Goji-Beeren enthalten Carotinoide, Vitamin C (mehr als Zitrusfrüchte) und die Vitamine B1 und B2. Ebenso findet man die essenziellen Aminosäuren Isoleucin und Methionin sowie Mineralstoffe und Spurenelemente, die unter anderem für unser Immunsystem von großer Bedeutung sind.

Karotten-Muffins

12 Stück

1 Apfel
200 g Karotten
Saft einer Zitrone
75 g Zucker
80 g Dinkelmehl
50 g geriebene Walnüsse
1 TL Backpulver
125 ml Joghurt, 3,5 %
2 EL Kakaopulver
1 TL Zimtpulver

Backofen auf 180 °C vorheizen. Eine Muffinform einfetten oder auf einem Backblech Muffinförmchen aufstellen, diese ebenfalls mit etwas Öl einpinseln.

Apfel und Karotten waschen, fein raspeln und in einer Schüssel mit Zitronensaft vermischen. Zucker, Dinkelmehl, geriebene Nüsse, Backpulver, Joghurt sowie Kakao- und Zimtpulver nach und nach unterrühren und gut vermischen.

Die Masse mit einem Spritzbeutel oder Löffel gleichmäßig in die Muffinförmchen verteilen. Im Backofen 25 Minuten backen, bis sie schön Farbe angenommen haben.

Rezeptregister

Kleiner Küchendolmetscher

Österreichisch – Deutsch

Eidotter – Eigelb
Eiklar – Eiweiß
Faschiertes – Hackfleisch
Jause – 2. Frühstück, Brotzeit
Karfiol – Blumenkohl
Karotten – Möhren, gelbe Rüben
Marillen – Aprikosen
Maroni – Esskastanien
Melanzani – Aubergine, Eierfrucht
Orangen – Apfelsinen
Polenta – Maisgrieß
Rosinen – getrocknete Weintrauben
Rotkraut – Rotkohl
Sauerkraut – Sauerkohl
Schlagobers – süße Sahne
Semmelbrösel – Paniermehl
Topfen – Quark
Vogerlsalat – Feldsalat, Rapunzel
Zwetschken – Pflaumen, Zwetschgen

Verwendete Literatur

- **Tut gut – Besser essen im Büro**
  Broschüre der Umweltberatung,
  St. Pölten, 2004
- Neumayer, Petra; Funfack, Wolf:
  Metabolic Balance für Einsteiger
  Südwest Verlag, München, 2009
- Foth-Reiter, Silke; Reiter, Wilfried:
  Powerfood, Ernährungstipps für Menschen im Stress
  Kösel Verlag, München, 2004
- Funfack, Wolf:
  Metabolic Balance für Diabetiker
  Südwest Verlag, München, 2009
- Nichterl, Claudia:
  Koch Dich Jung
  avBUCH, Wien, 2008
- Üblacker, Reinhard-Karl:
  Hunger auf Erfolg
  Umschau Verlag,
  Neustadt/Weinstraße, 2007
- Wendel, Susanne:
  Richtig essen im Job
  Südwest Verlag, München, 2005

5-Elemente-Rezeptservice

Möchten Sie sich regelmäßig mit der 5-Elemente-Ernährung etwas Gutes tun? Gehen Ihnen manchmal die Ideen für neue Gerichte aus? Wenn das die Situation trifft, dann ist das „essen:z abo" – mein Rezeptservice – für Sie eine gute Unterstützung. Sie erhalten jeden Monat eine Auswahl an Rezepten – individuell auf Ihre Anforderungen und Bedürfnisse abgestimmt. Die Zustellung erfolgt per E-Mail – einfach und unkompliziert.

Als LeserIn dieses Buches haben Sie die Möglichkeit, den 5-Elemente-Rezeptservice von Dr. Claudia Nichterl zum ermäßigten Preis zu abonnieren. Weitere Informationen finden Sie auf der Homepage www.essenz.at/abo. Eine Ermäßigung von 10 Euro erhalten Sie nach Eingabe des Gutscheincodes 2009POWERFOOD.

Bildquellen

Umschlag: Uwe Urbann
Inhalt: Uwe Urbann (sämtliche Fotos)

Impressum

Druck- und Verlagsges. m. b. H. Nfg. KG
Sturzgasse 1A, A-1141 Wien
E-Mail: buch@avbuch.at, Internet: www.avbuch.at

Deutsche Nationalbibliothek – CIP-Einheitsaufnahme
Die Deutsche Nationalbibliothek verzeichnet diese Publikation in der Deutschen Nationalbibliografie; detaillierte bibliografische Daten sind im Internet über http://dnb.ddb.de abrufbar.

Projektleitung: Alexandra Mlakar, avBUCH
Redaktion: Rosemarie Zehetgruber – gutessen consulting, Wien
Umschlag & Layout: Ravenstein + Partner, Verden
Satz: armanda,geisler Wien
Bildreproduktion: Hantsch & Jesch PrePress Services OG, Wien

Druck und Bindung: AV+Astoria Druckzentrum GmbH, Wien
Printed in Austria

ISBN 978-3-7040-2349-0